ANNEMIEKE HENDRIKS

Zweites Grab, halber Preis

*Eine Geschichte
vom Leben
und Sterben*

Eulenspiegel Verlag

»O du gräbst und ich grab,
und ich grab mich dir zu,
und am Finger erwacht uns der Ring.«

Paul Celan, Es war Erde in ihnen (1959)

»Da gibt's kein Fromms und keine Pille,
in der Stille ...«

Nina Hagen Band, Auf'm Friedhof (1978)

Inhalt

Herbst

Die Blätter treiben. Aber sie dürfen nicht. Die Lebenden wollen die Blätter, die ihre Toten so schön und farbenfroh zudecken, beseitigt haben. Also machen sich der nette Gärtner-Verwalter und sein junger Gehilfe an diese Sisyphusarbeit, über Wochen, immer wieder von vorne. »Dabei schützen die Blätter doch die Anpflanzung und die Insekten«, seufzt der Gärtner. »Aber ich bin öfters angerufen worden: Herr Gärtner, die Blätter müssen weg! Nicht nur die Angehörigen beklagen sich, sondern auch die Anwohner.«

Die Anwohner? Die können sich doch glücklich schätzen mit der schönen Landschaft zwischen den Wohnblöcken, mitten in der Stadt. Gratis und umsonst dürfen sie fast jede Woche ein neues Naturschauspiel anschauen, vorm eigenen Fenster und vom Balkon. »Sie wollen sogar den Efeu von der Friedhofsmauer weg haben«, fährt der Gärtner fort. »Na ja, solange man meckert, sag ick mal, lebt man noch.«

Ich befürchte schon schnurgerade Pfade zwischen den Gräbern, sage ich. Aber da machen Sie natürlich nicht mit? Er zögert. »So sind die Deutschen nun mal. So sind wir Preußen, ha ha.«

Der Gärtner-Verwalter liebt Pflanzen. Er versucht hier etwas Schönes zu gestalten, lavierend zwischen der wohl deutschen Neigung zu Chaosbekämpfung und seinem Wunsch, auch die Natur zu bedienen. Dazu bringt er selbst Stecklinge aus seinem Privatgarten mit, wie zum Beispiel Rhododendren.

Den Gärtner-Verwalter, in seiner Latzhose schon eine imposante Gestalt, könnte man auch den Gärtner-Bestatter oder Gärtner-Tischler nennen, und noch so einiges. Er macht eigentlich alles auf dem Friedhof. Der kleine, überschaubare Ort ist sein Palastgarten. »Gärtner-Berater« wäre auch nicht verkehrt. Denn nicht nur pflanzen- und insektenfreundlich ist er, sondern auch menschenfreundlich. Immer hat er ein nettes Wort, eine kleine Geschichte oder einen Witz parat. Gute Laune bringen, das ist eine wirksame Art von Trost – jedenfalls für mich.

Nun sind, wie erwähnt, nicht umgekehrt auch alle Menschen friedhofsfreundlich. Man hört sie als drumherum Wohnende manchmal laut auf ihren Balkonen feiern oder als Besucher hier unten auf den Bänkchen in ihre Handys kreischen. Na ja, ich bin da wohl überempfindlich. Mein Antoine ist erst vor kurzem begraben worden. Zugegeben, meist ist es hier angenehm still, so mitten in der Großstadt.

Gerade sieht der Gärtner-Verwalter – nennen wir ihn ab jetzt einfach »unser Gärtner« – sehr ernst aus. Nur wenig von unserem Doppelgrab entfernt trägt er würdevoll eine Urne vor sich her. Er steckt in einem dunklen Kostüm, das irgendwie fremd an ihm aussieht, und in seinem Kielwasser folgt ein Handvoll Trauernder.

Nachher kommt er zum Plaudern vorbei. Wir streiten uns darüber, ob es regnen wird. Der Radar sagt nein, und er sagt, es werde gleich losprasseln. Danach sieht es gar nicht aus, aber stimmen wird es trotzdem. Er kann die Natur lesen. Mit einem Augenzwinkern: »Ich habe immer recht.« Aus den Bewegungen der roten Käfer kann er sogar vorhersagen, ob Frost kommen wird.

Beigesetzt wird hier auf der kleinen Begräbnisstätte nicht viel, monatlich einige Feuerbestattungen und kaum eine Erdbestattung. Offenbar bringen viele ihre Toten lieber eingeäschert zum grünen Stadtrand, als sie hier zwischen den Häusern langsam vergehen zu lassen. Antoine und ich waren sofort begeistert, als wir den kleinen, etwas versteckt gelegenen Friedhof entdeckt haben – erst nach über zehn Jahren im Kiez. Hier möchten wir irgendwann begraben werden. Das »irgendwann« ist dann für meine bessere Hälfte überraschend schnell gekommen.

Bis zum letzten Atemzug

Antoine und ich lebten, obwohl schon verheiratet, in Amsterdam fünf Jahre lang weiterhin in unseren zwei kleinen Singlewohnungen, wo wir schon gewohnt hatten, bevor wir uns liebten. Wir haben unsere Selbstständigkeit gerne gepflegt, und eine erschwingliche Wohnung für zwei hätte es eh nicht gegeben. Damals war ich Mitarbeiterin der Linksliberalen Wochenzeitung, bei der er stellvertretender Chefredakteur war.

Ich war 39, er 45, und beide waren wir mit unseren »Junggesellenexistenzen« sehr zufrieden. Aber plötzlich hat es zwischen uns gefunkt. Für immer, wussten wir beide sofort. Heute würde Antoine von der #MeToo-Bewegung dafür bestimmt geächtet werden: Er war schließlich mein Auftraggeber. Wäre ihm scheißegal gewesen, und mir ebenso. Die Liebe lässt sich von politisch korrekten Geboten nicht strangulieren.

Dann kreuzte 2001 Berlin unseren Weg, die Traumstadt, die wir beide unabhängig voneinander, als Studenten und später durch unsere journalistische Arbeit, schon gut kannten: West-Berlin seit Ende der Siebziger, Ost-Berlin so richtig erst seit dem Mauerfall. Von Berlin aus konnten wir außerdem das sich so bewegende Mittel- und Osteuropa hervorragend entdecken: eine tolle Herausforderung.

»Die beste Entscheidung meines Lebens, mit Annemieke nach Berlin zu ziehen«, hat Antoine damals einer guten Freundin geschrieben. Amsterdam ist vor allem angelsächsisch orientiert, eine Welt, die uns beide intellektuell weit weniger gefesselt hat. Und, nicht unwichtig: in Berlin würden wir uns zum ersten Mal eine Wohnung teilen.

»Bis zum letzten Atemzug werden wir beieinander sein«, schrieb Antoine mir kurz vor unserem Umzug nach Berlin – auf Deutsch!

Das wenigstens hat geklappt, sage ich mir an seinem Grab. In diesen fünfzehn gemeinsamen Berliner Jahren stand er immer wieder mal in unserem Wohnzimmer, quasi wie ein Besucher, und rief dann laut: »Aber hier möchte ich leben!«

Das Sterben erschien uns weit weg – wie vermutlich allen in derart glücklichen Umständen. Antoine und ich haben uns lediglich ab und zu gesagt: Wenn's ans Sterben geht, ziehen wir ja in die Niederlande.

Antoines Grab ist noch so kahl, die Blumensträuße sind schon verdorrt, so dass ich mich über die gelbe Blätterpracht freue, die ihn jetzt zudeckt. Offiziell muss man die Sträuße von der Beerdigung nach so vielen Wochen wieder entfernt haben. Das habe ich erst viel später gelesen. Zum Glück ist unser Gärtner da nicht so streng.

Auch um Antoine herum ist die Wiese gelb von Blättern. Aber nicht mehr lange. Der Gärtner und sein Gehilfe sind wieder im Anmarsch. Sie sammeln die Blätter abermals auf, fangen von vorne an. Auch von den Gräbern, die sie teilweise gegen Bezahlung versorgen, entfernen sie das Laub. Aber bei meinem Antoine, ermahne ich mit gespielter Strenge, lassen Sie den Käfern und Spinnen doch sicherlich Winterschutz und Futter? »Na gern«, antwortet der Gärtner. »Von Ihrem Grab bleibe ich fern!«

Erstes Staunen

Der Gärtner hat mir noch vor Antoines Beerdigung etwas Komisches erzählt. Etwas, über das ich selbst in diesem Augenblick noch lachen konnte: Ab jetzt werde den Gräbern, in der Länge, mehr Platz eingeräumt. Denn die anderthalb Meter Länge seien nicht mehr zeitgemäß. Ja, das hatte ich schon bemerkt: Sie muten merkwürdig an, diese Kindergräber für Erwachsene. Mein Ehemann und ich sind beide 1.80 lang. Aber so klein waren die DDR-Bürger doch auch wieder nicht, wenngleich mit weniger gutem Käse ernährt als wir? Hatten sie denn Gräber verdient, in denen man den Nachfahren wie ein Rollmops vorkommt?

Ich muss an die Beerdigung meines Vaters in den Niederlanden denken. Die konnte nicht vollzogen werden. Mein Vater hatte nämlich nicht in den Sarg gepasst, der war zu kurz ausgefallen. In Friesland war das, wo wohlgemerkt so ziemlich die längsten Niederländer – die Friesen – leben.

Wir stammen zwar nicht aus den Norden des Landes, sondern aus dem Westen an der Nordsee, nichtsdestotrotz war mein Vater über 1,85 lang. Wie auch mein Onkel Jan, des Vaters jüngerer Brüder. Der hatte am notgedrungenermaßen erst mal leer gebliebenen Grab meines Vaters gegrinst und gerufen: »Ein typischer Hendriks-Streich, um als Sozialist noch gegen diese christlichen Beerdigungssitten querzuschießen!«

Was mich weiterhin sofort gewundert hat: Die wenigsten der Hinterbliebenen haben für winterfeste oder samentragende Pflanzen auf dem Grab ihrer Verstorbenen gesorgt. Stattdessen wird jedes Jahr kurzzeitiges Grün herbeigeschafft. Und wenn doch, findet man die mehrjährigen Pflanzen, einmal verblüht, in diesen Herbsttagen massenhaft in den offenen Containern wieder. So werden die Jahreszeiten verspottet.

Zum Glück kommen regelmäßig junge Kiezbewohner vorbei, um diese Pflanzen aus dem Müll zu retten. Wie dieses Pärchen, sie hochschwanger, er mit etwas Silbernem in der Lippe montiert, das begeistert über jede Menge Stiefmütterchen sich ihrer erbarmt. »Schau, das schmeißt man einfach so weg!«, rufen sie mir zu. »Wir bestücken immer wieder unseren Balkon mit den Friedhofspflanzen. Magst du auch welche?«

Ich habe auf meinem Balkon noch Geranien meiner Mutter, die ich seit meiner Kindheit, als ich sie ihr mal zum Muttertag geschenkt habe, immer mit neuen Ablegern am Leben gehalten habe. Sie selbst hatte ihre Balkongeranien im Herbst entsorgt – das war mir ein Gräuel.

Pflanzen kauft man nicht, die vermehrt man aus anderen. Ableger klauen ist eine legale Handlung. Aus Freude habe ich den Daumen zu den beiden aufgerichtet und die geretteten Stiefmütterchen zwischen Balkon und Grab aufgeteilt.

Die schönste Grabbepflanzung, das sind für mich die naturbelassenen, eigenwillig wachsenden Pflanzen auf manchen Gräbern. Das ist wohl dem traurigen Umstand zu verdanken, dass die Hinterbliebenen selbst schon verstorben sind oder weit weg wohnen, was der Natur guttut.

Ich dagegen wohne sehr nah, bin mit dem Rad in fünf Minuten am Friedhof. Deswegen werde ich versuchen, einen quasi-wilden Grabgarten zu gestalten und zu pflegen und freue mich schon auf einen solchen trostreichen Ort.

Zwar kann dieser Plan erst ab Frühling losgehen. Denn die frische, graue Erde auf Antoines Grab soll sich zunächst absenken, hat mir der Gärtner erzählt. Und dann, wenn Antoine und ich auf Augenhöhe liegen – allerdings noch ohne mich, im materiellen Sinne –, werde ich nach und nach einen Garten voller winterfester Pflanzen gestalten. Daran sollen auch Zwiebelpflanzen wie Tulpen und Narzissen, die viele Jahre blühen werden, ihren Anteil haben.

Die Grünen, die ihr Kiezbüro hier gleich gegenüber auf der anderen Straßenseite haben, möchten mein Experiment am Friedhof gerne verfolgen. Dazu haben sie mich mit Säckchen voller bienenfreundlicher Samen beliefert.

Zweites Grab, halber Preis

Mein Grab, angrenzend an das von Antoine, habe ich gleichzeitig mit seinem ergattert. Damit mir kein anderer diese Stelle wegnehmen kann. Allein die Vorstellung, dass ein Fremder, oder auch eine hartnäckig in Antoine Verliebte, das Grab neben ihm erobern könnte! Solche Sachen passieren, das würde ich bald erfahren.

Es gab zum Thema allerdings einige Sprachverwirrungen, die, wie ich meine, eher wenig mit der Tatsache zu tun hatten, dass mein Deutsch ein wenig mangelhaft bleibt. Der Gärtner hatte mir dies geraten: sofort auch meine Grabstelle nebenan zu reservieren, oder halt obendrauf.

Wenigstens hatte ich das so verstanden. Wurde nicht noch vor einem Jahrhundert in den billigsten Familiengräbern »fünf-tief« beigesetzt? Das Wörtchen »bei-« verrät es schon: der nächste Verwandte kam einfach obendrauf. Wenn das Grundwasser es überhaupt zuließ, was bekanntlich in Holland nicht überall der Fall ist.

Denn im Wasser sollte kein Sarg liegen. Ich vermute, dass die Hygieneregeln schon damals auf dem besten wissenschaftlichen Stand waren. Die reicheren Familien konnten dieses Problem in ihren Grüften lösen: mit horizontalen Betonwänden, und mit viel herbeigeschlepptem Sand zwischen den aufgehäuften Angehörigen.

Wär das nicht super, dachte ich, irgendwann oben auf meinem Antoine eingebettet zu werden, ein ewiges Liebespaar! Zudem wäre diese Option deutlich billiger. Aber das war angeblich so gemeint, dass dann meine Urne in Antoines Erdgrab eingebuddelt werden würde. Das ginge nun wirklich nicht: meine Asche, in Keramik verpackt, auf Antoines Sarg, und keine Verschmelzung im Tode noch möglich ...

Zum Glück ist die zuständige Hauptverwaltung des Evangelischen Friedhofsverbandes mit einem tollen Angebot gekommen. Mein Antoine ist drei Tage tot, als ich zum Friedhofsverwaltungsbüro muss. Ein wenig Anteilnahme erwarte ich dort, weit weg von der Wärme am Grab. Aber ich sitze dort mindestens eine Stunde lang hilflos herum, völlig mir selbst überlassen. Vor meinen Augen und Ohren wird herumgeschrien, es herrschen Hektik und Unruhe. Ich kann nicht weg aus diesem Nervenkrieg, höchstens fünf Minuten zum Rauchen. Denn Antoines Beerdigung muss unbedingt heute amtlich geregelt werden.

Als ich endlich dran bin, kann die am lautesten herumschreiende Frau Antoines geplante Grabstelle nicht finden. Denn sie kann den Grundriss nicht lesen. Vermutlich ist sie eine Quereinsteigerin im humanen Todesbetrieb. Hat sie vor der Wende etwa in einer LPG Schweine gezüchtet?

Meine Stelle, fügt sie dann noch hinzu, sei schon vergeben worden. Wie? Antoine und ich würden auseinandergetrieben werden? Aber unser Gärtner hat mir diese beiden Stellen doch vorgeschlagen? In einer schönen, leeren Ecke, wo Antoine halb im Baumschatten, halb in der Sonne verweilen kann – er war ja nie ein aufrechter Badestrandanbeter – und ich genug von der Sonne abbekommen werde. Und gleich nebenan, an der Friedhofsmauer, steht außerdem ein Bänkchen: meins, bis zum Tode!

Nun bloß die Panik bekämpfen, die hier im Verwaltungsbüro in mir aufsteigt, zusätzlich zu meiner bedrückten Gemütslage. Diese Frau war nie vor Ort. Das sagt sie selbst, anstatt sich vor Scham zu verkriechen. Sie weist bei der Grabnummer schlicht die falsche Stelle an, platziert mich an Antoines anderer Seite, die zwar noch leer, aber offenbar schon vergeben worden ist.

»Möge Gottes Segen mit dieser Arbeit sein«, lese ich in einer Broschüre des Friedhofsverbands, mit der ich mir die lange, unruhige Wartezeit zu vertreiben versuche. Als das Problem im Evangelischen Verwaltungsbüro endlich gelöst ist, kommen keine Entschuldigungen. Dagegen macht sie mir ein finanzielles Angebot: »Zweites Grab, halber Preis!« Ich dachte hinterher, ich hätte, in meinem Stress, wohl nicht richtig zugehört: ein christliches Schnäppchengeschäft mit dem Tod? Freilich sind mir als holländischer Atheistin die deutsch-evangelischen Sitten weniger bekannt.

Aber genauso hatte sie es formuliert. Auf dem Friedhof werde ich nämlich mehrmals von Hinterbliebenen erfahren, dass sie das gleiche Angebot bekommen haben. Zu spät für mich. Als es einige Tage darauf ums Bezahlen geht, wird dort im Büro eisern abgestritten, mir jemals ein solches Angebot gemacht zu haben. »Sie lügen!«, wird der Trauernden, also mir, ins Gesicht geschrien. Ich bezahle den vollen Preis für zwei Gräber. Bitte, nur noch Seelenruhe.

Der evangelische Geschäftsführer schreibt in einem Prospekt: »Wir hoffen, mit unserer Arbeit der Verdrängung des Todes aus dem Leben entgegenzuwirken.« Ja, das gelingt bestens.

Eines Sonntagnachmittags

Eine junge Frau, trendy-berlinerisch – blaues Haar, teilweise in Hoodie gesteckt, mit zusätzlicher Mütze obendrauf bei 18 Grad, die ausgerechnet im Winter dann ausgezogen wird – spaziert auf der Allee mit den Kastanien, die den Friedhof in der Länge durchzieht. Ihr folgt ein junger Mann mit chinesischen Gesichtszügen. Er trägt einen Vogelkäfig. Beide gucken nach oben, in die Bäume. Sie girrt einen Lockruf, der klingt wie »bäh, bäh«. Schon nach einem Viertelstündchen kehren sie unverrichteter Dinge um.

Es war an diesem ganz gewöhnlichen Sonntagfrühnachmittag so angenehm ruhig. Aber plötzlich ist der Friedhofsfrieden dahin. An jedem Sonntag ist es, so werde ich erfahren, für einige Stunden mit der Ruhe vorbei.

Der Grund sind keine Touristen oder Kieztrinkgelage. Es ist eine Mutter, die mit ihrem Sohn die Familiengrabstelle pflegt. Dabei hat sie das Kommando und er gehorcht. Die Mutter muss ihm, jede Woche aufs Neue, viele laute Anweisungen geben, denn es gibt viel zu tun.

Ihre Familiengrabstelle liegt am mittleren Pfad, im Schatten der Bäume, und ist mit eigenen Sträuchern noch düsterer gemacht. Das Hauptansinnen ist, so scheint es, nicht nur die Grabstelle von unerwünschten Samen im Keim zu befreien – die sich allerdings dort im Dunkeln eh nicht ansiedeln möchten –, sondern auch einen breiten Gürtel grauer Erde um die Grabstelle herum von jedem Anflug einer Bedrohung, wie zum Beispiel Fußspuren. Lange wird dazu im öffentlichen Raum herumgeharkt, bis alles Grün um die Grabstätte zu grauer Erde geworden ist. Und am nächsten Sonntag wieder.

Zu den »Bedrohungen« gehört zweifellos auch Florian. Er sitzt auf seinem festen Platz, einer Bank unweit unserer Grabstätte, den Schlafsack neben sich zusammengerollt. Aber die Stimme der Mutter reicht weit. Sogar die Vögel in den Bäumen fliegen ängstlich auf. In manch solchen Augenblicken tauschen Florian und ich einen vielsagenden Blick aus.

Ziemlich schnell wurde mir klar, dass ich selbst Vorurteile abzulegen hatte. Anfangs fühlte ich mich, nur eine Bank von Florians Stammplatz an der Friedhofsmauer entfernt, von ihm beobachtet – wie er sich, umgekehrt, wahrscheinlich auch von mir.

Wir hatten schon vorher angefangen, uns aus der Ferne zu grüßen. Ich wusste nicht, aus welchem Land er stammt und wie er heißt. Dann bin ich einmal auf ihn zu gegangen, in die Offensive, um wechselseitiges Ungemach aus der Welt zu schaffen. Es stellte sich heraus, dass er, den ich irgendwo zwischen fünfzig und siebzig schätze, ein wunderschönes, fast altmodisches Deutsch spricht, wie ich das nur aus den Schriftstücken alter Autoren und Philosophen kenne. Und so angenehm leise haben seine Worte geklungen.

Sehr viel gesprochen hat Florian nicht. Es hat ausgereicht, um ihn nicht als Bedrohung, sondern eher als Schutzengel unserer Grabstelle wahrzunehmen. Wenn er auf seiner Bank ruht, wird dort nichts Schlimmes passieren, dachte ich.

Ein Mann geht, das Fahrrad an der Hand, zum hinteren Teil des Friedhofs. Ich folge ihm, einfach so, weil sein Gruß mir einladend geklungen hat und er etwas über Bienen sagte. Bienen? Gewiss, da sind die Kisten schon, fast an der hinteren Mauer, die hier allerdings keine richtige Friedhofsmauer ist, sondern die graue Hinterseite eines kolossalen Häuserblocks.

Bei Kälte, wie nach diesem plötzlich starken Nachtfrost, füttert er sie mal mit ein wenig Zucker, erklärt er, oder eben auch mit Honig. Bienen, die mit Honig gefüttert werden? Klingt wie verkehrte Welt. Aber ich bin ein unwissendes Stadtmädchen. Vielleicht bekommen Kühe auch mal ein Milchsupplement.

Sie werden nicht sterben, fährt er fort. Aber sie sollen ja Honig produzieren. Deswegen füttert er sie bei, mit Zucker, das ist billiger, oder wo nötig halt mit Honig. Und dass sich dies finanziell, selbstverständlich, gar nicht lohne.

»Lohnen!« Wir haben also einen Betrieb in Bienenzucht auf dem Friedhof. So abwegig ist das allerdings nicht, denn dieser hintere Teil der Begräbnisstätte wurde schon ab der Eröffnung 1867 an den damaligen Gärtnermeister und an eine Holzhandlung verpachtet. Auf dem aktuellen Lageplan heißt dieser Abschnitt des Friedhofs noch immer »Betriebshof«.

Bei der hohen, grauen Häuserwand liegt ein Berg Erde, der für den Betrieb mit den Gräbern benutzt wird. Dort treffe ich auf einen Mann, der im Berg etwas Wurzel- oder Knollenmäßiges eingräbt. »Topinambur«, erklärt er mir, der Neugierigen, »lecker und gesund«. Die Knollen werden sich, sagt er, ordentlich vermehren.

Auf einem anderen Friedhof, erzählt er, war seine Lieblingsstelle für die Topinamburzucht mal ein uraltes Art Deco-Gittergrab. Inmitten der schmiedeeisernen Umzäunung hätten die Knollen sich sauwohl gefühlt. Aber heute lebt er in unserem Kiez, und außerdem wachsen hier am äußersten Ende des Friedhofs jede Menge schöne Kräuter, ganz von alleine. Vielleicht wachsen sie dort schon seit 1867, denke ich.

An der Friedhofsmauer steht, gleich neben unserem Doppelgrab, eine Reihe alter Grabsteine und -Platten. Manche sind von um 1900, einer gar aus dem Jahr 1870. Sie bieten einen schönen Anblick, diese Grabmale, die wie umfallende Dominosteine zusammengestoßen scheinen. Der alte Tod, der von lange her, ist hier bei uns als ein ewiger Weggefährte anwesend. Er ist nicht aus dem Leben verdrängt worden.

So hat der evangelische Geschäftsführer es im Prospekt wohl gemeint, mit seinen Worten »der Verdrängung des Todes aus dem Leben entgegenzuwirken«. Aber nein, doch eher nicht. Ich erfahre, dass die Steine demnächst entsorgt werden sollen.

Warum denn sollen sie, mit den alten Gräbern insgesamt, weggeschafft werden? Es gibt hier so viel Platz, sie liegen keinem im Weg. Bestand Umfallgefahr für die Grabsteine? Höchstens für einen Teil davon, und die wertvolleren könnte man auch neu befestigen. Wird für die Liegerechte nicht mehr gezahlt? Aber dann bestimmt schon ein Jahrhundert lang nicht.

Alte Grabmale sind wertlos. Warum gibt es für sie keinen Denkmalschutz? Selbst von den schönen alten Gittergrabstellen am Hauptweg, unserer Kastanienallee, sind höchstens drei

vollständig erhalten, dazu noch ein paar in kläglichem Zustand. Die ganze Reihe habe ich mal auf einem alten Foto gesehen.

Diese Frage wird mir nicht mehr aus dem Kopf gehen. Es ist eine Frage nach der Vergänglichkeit der Menschen und der Dinge. Eine Frage nach dem, was bleibt.

Unser Friedhof ist offiziell ein Gartendenkmal, eine geschützte Grünanlage. Davon zeugt ein dreieckiges grünes Schild beim Eingangstor, mit einer Tulpe mittendrauf. Ein Tulpenschild, wie schön! Mal sehen, ob andere hier richtige Tulpenzwiebeln angepflanzt haben. Anstatt Sträuße in solch eine Friedhofsvase mit Stiel zum Eingraben zu stellen, in der sie nur ein paar Tage halten.

Ein Gartendenkmal, das heißt unter anderem: »Anpflanzungen und Ausstattungen dürfen nicht beschädigt oder entwendet werden.« Und: »Lärm ist zu vermeiden, der andere

Anlagenbenutzer unzumutbar stört.« Beides sehr erfreulich!
Aber ein Gartendenkmal ist kein historisches Denkmal. Wo das
verhältnismäßig junge Grün und unsere Ohren unter Denkmalschutz stehen, sind schöne alte Gräber offenbar vogelfrei.

Auf der anderen langen Seite des Friedhofs, also ziemlich weit von
unserem Doppelgrab entfernt, sind nur noch wenige alte Gräber
erhalten, und die Friedhofsmauer hat hier für einen Zaun Platz-
gemacht. Man schaut direkt in die Hintergärten der Häuserreihe.
Das passt nicht so recht zu einem Friedhofsempfinden.

»Warum?« Genau dieses einzelne Wort steht dort auf dem
Grabmal von Max Hübner, Gastwirt, der vom Herbst 1885 bis
zum Herbst 1933 gelebt hat. Über diesem Wort prunkt ein schönes Jugendstil-Ornament, in dem man einen Sonnenuntergang
mit spitzen Strahlen und zugleich einen strahlenden Schädel
erkennen kann.

Der Kontrast zu den Mottos, mit denen an die beiden Männer links und rechts von Max Hübner erinnert werden soll, könnte größer nicht sein. »Schaffen und Streben war Dein Leben« auf dem Grabstein von Franz Belling. Und »Sein Leben war Mühe und Arbeit« auf dem von Adolf Zabel. So hat man 1933 und '34 – die Männer sind kurz nacheinander verstorben – offenbar die Tugenden betont. Das macht dieses bloße »Warum?« bei Max Hübner, aus dem gleichen Jahr, zu einem nahezu subversiven Spruch.

Liegen die drei Männer denn alle ganz alleine in ihrem Grab? Der Gastwirt Hübner schon. Aber bei Franz liegt Marta, ohne Sterbedatum. Und bei Adolf ruht Clara, die den Krieg überlebt hat. Die Frauen fanden sich selbst offenbar keinen Spruch wert – und ihre eventuellen Nachkommen wohl ebenso wenig.

Mein Antoine hätte Max Hübner – oder auch seine Nachfahren, verantwortlich für diesen schönen Grabstein – umarmt: Menschen, die den philosophischen Zweifel um Leben und Sterben verstanden haben. Antoine war selbst ein studierter Philosoph. Das werde ich auf seinem Grabstein vermelden, sobald es einen geben wird.

Der Gastwirt war nicht mal fünfzig, als er starb. Ist es nicht inakzeptabel, dass jemand auf dem Höhepunkt seiner geistigen Kräfte stirbt, wie Antoine und vermutlich auch Max Hübner? Wir können nur hoffen, dass Letzterem durch seinen Tod 1933 so einiges Schlimme, und für andere gleich mit, erspart geblieben ist.

Winter

Am letzten Tag des Herbstes habe ich Antoines Grab mit Tannen-zweigen (oder waren es Fichten? – ich kenne mich da nicht aus) zugedeckt und die restlichen Zweige drumherum in die Erde ge-steckt. Zu Hause verschanze ich mich in seinem Arbeitszimmer.

Hier hängt sein Geruch, liegen seine Papiere herum: jour-nalistische Pläne, Dokumente, jede Menge aktuelle Bücher, in Listen eingetragene Fotos von uns, lustige kleine Geschenke ... Auch hängt in seinem Zimmer ein Originalfoto vom Treffen in Bonn 1973 zwischen Willy Brandt und Leonid Breschnew. Das hat Antoine von der Fotografin Barbara Klemm bei seinem Interview mit ihr geschenkt bekommen, einen Monat vor sei-nem Tode. Alles, was hier in seinem Zimmer herumliegt und hängt, verbreitet ein Gefühl der Wärme.

Dann bekomme ich die Nachricht, meiner Mutter, in einem Groninger Pflegeheim, gehe es nicht gut. Das passt mir nun gar nicht. Ich muss mich zwingen, aus meiner Verschanzung auszu-brechen. Meine Mutter ist 95, ist nicht demenzkrank, aber seit ewig ohne jegliche Lebenslust. Sie lebt, wo mein lebensfroher Antoine gestorben ist. Ich bin dann gerade noch rechtzeitig in Groningen bei ihr, bevor sie am Tag nach Weihnachten stirbt.

Meine Mutter möchte ihren Körper unbedingt der Wissen-schaft zur Verfügung stellen. Das stand auf mehreren Zetteln, in ihrer Bleistifthandschrift. Aber darüber reden konnten wir nicht.

Allerdings fand ich das eine wirklich gute Idee. Ich hatte mir vorgenommen, meinen Körper ebenfalls der Wissenschaft zu schenken. Das wird nun nicht mehr gehen. Denn dann könnte ich nicht neben Antoine begraben werden. Meine Mutter hat sich offenbar nichts daraus gemacht, neben meinem Vater zu ruhen.

Irgendwann, als sie schon im Pflegeheim war, habe ich still-schweigend versucht, ihren Wunsch für sie zu regeln. Nach

Antoines Tod nun stimmt mich dies erst recht zufrieden. Ich muss nicht schon wieder eine Beerdigung organisieren. Und diesmal eine für etwa zehn Hochbetagte, die nur aus Pflichtbewusstsein eine lange Reise in den Norden der Niederlande hätten antreten müssen.

In meinem Land gibt es allerdings Menschen im Überfluss, die nach ihrem Tode der Wissenschaft einen Gefallen tun möchten. Ich habe meiner Mutter, stets schwankend zwischen Protestantismus (ihre Familie) und Atheismus (mein Vater nannte sich Marxist), nicht erzählt, dass man sie, nach ihrem Tod, lediglich in der katholischen Universität von Nimwegen willkommen heißen würde. Dabei war es eine der wenigen Sachen, worüber meine Eltern sich einig waren, dass »die Papen« nichts taugten. Ich selbst habe hingegen in meiner Studentenzeit katholische Freunde fürs Leben gefunden.

Der einzige Grund dafür, dass meine Mutter, bei allem Überangebot, nach ihrem Tod an der Nimweger Uniklinik akzeptiert worden war, lag in der Tatsache, dass sie so mager war, und dies nicht krankheitsbedingt. Der Anatomiepathologe hat am Telefon bei mir nachgefragt. Denn »in fetten Leichen lässt es sich schwer schneiden«, wie er mitteilte. Ich gestehe, in solchen Augenblicken liebe ich meine lockeren Landsleute.

Die Emotionen dröhnen noch nach, als ich Anfang Januar auf meinen Berliner Friedhof zurückkehre. Die Fahrer aus Nimwegen hatten meine Mutter mit allem Respekt abgeholt. Leider hatte der im Pflegeheim diensthabende Wochenendarzt, der bestimmt keinen Bock auf Arbeit in seiner Weihnachtspause gehabt hatte, nicht den Namen meiner Mutter, sondern den meinen auf dem Totenschein eingetragen. »Annemieke Hendriks ist am 27. Dezember gestorben«, lese ich, als ich im Pflegeheim allein zurückgelassen bin. Manchmal hasse ich meine lockeren Landsleute.

Tante Beps Asche

Eine Frau sucht eine Stelle für die Urne ihrer Schwester. Sie ist so lange auf dem Friedhof herumgelaufen, dass ich irgendwann frage, was sie denn suche. Jeder verweilt hier auf dem Friedhof im Prinzip für sich allein. Aber sie zeigt sich dankbar für das Hilfsangebot.

Wann die Beisetzung denn sei, frage ich. »Keine Ahnung«, sagt sie. Wie? Es betrifft doch ihre verstorbene Schwester? »Ja, aber die Bürokratie, nicht wahr?« Sie werde schon Bescheid bekommen, wann die Schwester eingeäschert worden ist. Irgendwann im nächsten Monat, hoffentlich. »Im Krematorium herrscht Hochbetrieb, da muss man Geduld haben.«

Ich kann es kaum fassen: Nicht sie, nicht die Familie, sondern das Krematorium bestimmt, wann verbrannt wird und wann die Urne mit der Asche übergeben wird? Die Verwandten sind meist nicht mal dabei, erzählt die Frau, mit dieser Vorgehensweise schon vertraut. Sie erzählt es ohne Aufregung und wundert sich über meine Verwunderung, dass man nicht mal zusammen, oder erst viel später, Abschied von dem Verstorbenen nehmen kann.

Sogar im Tode liegt man Schlange. Und das wird von den Angehörigen einfach so hingenommen? Oder kann man sich mit Extrageld vordrängeln?

Eine Firma wirbt mit einer garantierten Lieferung der Urne vier Tage nach Freigabe der Leiche. Das ist allerdings keine Berliner Firma. Außerdem gibt es attraktive Angebote von Krematorien aus den Nachbarstaaten, zum Beispiel aus den Niederlanden. Der Tod ist ein Riesengeschäft.

Allerdings habe ich meine Gedanken später, beim Nachlesen in der Materie, nuancieren müssen. In den Niederlanden geht die Einäscherung zumeist zwar zügiger voran als in der Bundesrepublik, oder wenigstens als in Berlin. Das ist eine Sache der Organisation. Aber in meiner Heimat ist nun wieder gesetzlich festgelegt, dass die Freigabe der Asche erst nach einem Monat erfolgen kann. Der Sinn der Sache war damals offiziell, dass Kriminelle nur zu gern ihre Opfer verbrennen würden. Als ob man in der Asche noch Straftaten entdecken könnte — nein, die Justiz möchte Feuerbestattungen wohl bloß zurückdrängen.

Dieses sinnlose Prinzip macht die Abschiedsrituale in den Niederlanden zwar besser planbar, aber nicht gerade schneller vollziehbar als in Deutschland. Gesetz dort versus Bürokratie hier: Die Hinterbliebenen werden in ihrer Trauer ziemlich lange alleine gelassen.

Die Frau seufzt. Eigentlich hätte sie die Asche der Schwester in deren Lieblingssee verstreuen wollen. Aber das darf sie nicht, sagt sie. Aber wieso denn nicht? Eben weil es in Deutschland die Sargpflicht gibt, antwortet sie mir. Die Asche kommt doch nicht in einen Sarg? Trotzdem, sagt sie. Die Urne werde verschlossen wie ein Sarg. Wenn sie die Urne im Krematorium abholt, nimmt sie diese doch einfach mit nach Hause? Und stellt sie dann nach Belieben auf den Kamin oder fährt damit zu diesem See? Sie käme nicht mal an die Urne ran, antwortet sie mir. »Vielleicht darf ich die Urne noch unter Aufsicht selbst zum Grab tragen.«

Ich frage nicht weiter. Denn sie schaut mich unendlich traurig an. Es gibt in Deutschland noch die uralte Friedhofspflicht, welche in Zusammenhang mit der Bestattungspflicht dem Schutz vor Seuchen dient. Bei Totenasche besteht diese Gefahr nun wirklich nicht, und der nur noch rituelle Friedhofszwang für die Asche ist zum Beispiel in den Niederlanden deshalb schon längst Vergangenheit.

Es gibt heute zwar die Möglichkeit einer Seebestattung der Urne, lese ich. Aber die ist teuer und streng reglementiert. Man darf sich das Gewässer nicht aussuchen. Und mit dem Ausstreuen der Asche durch die Nachfahren, dieser so schönen Geste, hat dieses Verfahren herzlich wenig zu tun. Der Kapitän des Schiffes nimmt sich die Urne, die Willenserklärung des Verstorbenen vorausgesetzt, und lässt sie an einer legalisierten Stelle ins offene Meer fallen. Die ganze Urne, ungeöffnet: Plumps!

Um nicht noch mehr Leid und Neid bei ihr auszulösen, habe ich der Frau nicht von der Bestattung meiner Tante Bep erzählt. Sie war die zweite Frau meines Opas mütterlicherseits – na ja, inoffiziell, aber dennoch jahrzehntelang. Denn meine Oma wollte sich nicht von ihrem Gatten trennen lassen.

Die Tante und ich standen uns sehr nahe. Ich hatte sie, nach Opas Tod, irgendwann wiedergefunden. In meiner Familie wurde nämlich die Geschichte weitererzählt, Tante Bep habe sich mit Opas Geld nach Brüssel abgesetzt. Auf einer Fahrradfahrt entdeckte ich aber, dass sie noch immer im selben Dorf und selben alten Haus mit dem Reetdach lebte, wo ich als Kind meine Sommerferien genossen habe. Und auch, dass sie kaum Geld hatte, das Haus vor dem Zerfall zu bewahren. Seitdem habe ich versucht, ein wenig wiedergutzumachen, was die Familie, einschließlich meiner Eltern, wissentlich kaputtgemacht hatte.

So stand ich an einem schönen Wintertag mit Tante Beps Urne im so seltenen, kniehohen Schnee in ihrem wunderschönen Garten. Um mich herum hatten sich etwa zehn ihrer Freunde und Verwandten gruppiert. Ich habe ihnen über Tante Bep erzählt, über ihr tapferes Leben im so christlichen Dorf, als unverheiratete und allseits verleumdete Frau.

Ihr bester Freund und ich haben die Urne dann geöffnet und Tante Beps Asche im Schnee verstreut. Abwechselnd haben wir eine Handvoll der Asche in ihrem Garten ausgestreut. Ihre Asche ist grau gewesen, fast schwarz, was wohl darauf hindeutete, der Verbrennungsprozess im Holzsarg sei zügig vorangegangen.

So war Tante Bep sichtbar anwesend auf dem Schnee. Und gar spürbar. Denn ein Teil ihrer Asche hatte sich, des niederländischen Windes wegen, auf unseren Jacken verschanzt. »Hallo Tante Bep«, haben wir lachend gerufen, »komm in unsere Arme, hier ist es kuschelig warm!«

In Berlin darf man die Tante nicht in ihrem Garten verstreuen. Nicht mal die Urne darf man dort beisetzen, und schon gar nicht im Wohnzimmer aufbewahren. Letzteres dürfen die Hinterbliebenen in Bremen auch nicht, aber in diesem Bundesland als Einzigem darf man die Asche eines Verstorbenen wiederum auf dem Privatgrundstück verstreuen. Ascheverstreuungen sind in einigen Teilen Deutschlands auf zugewiesenen Feldern bestimmter Friedhöfe möglich – unter Aufsicht.

In Berlin darf ein Nachfahr nicht mal die Urne transportieren, auch nicht zum Friedhof. In Niedersachsen und manch anderem Bundesland darf man das schon, allerdings nur zum Friedhof, sonst macht man sich strafbar.

Nirgendwo in Deutschland dürfen die Nachfahren Vaters oder Tantes Asche berühren. Außer im Bremer Privatgarten, nehme ich an – oder darf das nur der Pfarrer? Und nirgendwo darf man die Asche nach Belieben verstreuen, auf See oder Land. Schon komisch, denn lautet nicht die liturgische Formel »Asche zu Asche«?

Nachfahren, Angehörige, Hinterbliebene … Was weiterhin auffällt: Man muss, um überhaupt noch einige Rechte in der Sache zu haben, offenbar Familie sein, also mit dem Verstorbenen verwandt. Partner, Geliebte, intime Freunde: Sie kommen in der Sprache fast aller beruflich Beteiligten nicht vor. Nicht mal im kosmopolitischen Berlin finde ich sie.

Aber morgen können die Vorschriften, je nach Bundesland, wieder anders ausfallen. Zufällig habe ich kürzlich die letzte Folge eines Samstagskrimis aus Hessen gesehen. In dem Fernsehfilm stirbt die Kommissarin, und ihre Asche wird von einer alten, eisernen Brücke in den Fluss ausgestreut. Am Ritual beteiligen sich eine Handvoll Geliebter der Verstorbenen und ihr Kollege, der Kriminalhauptkommissar. Letzterer wird wohl wissen, was erlaubt ist. Dies war es jedenfalls nicht.

In der Fiktion ist selbstverständlich alles erlaubt – Die Kunst ist frei. Die schöne Schlussszene auf der Brücke mit der Asche der Kommissarin stellt ohne Zweifel ein Wunschdenken da. Die Drehbuchautoren des Krimis haben hier wohl an eine aktuelle Debatte angeknüpft, wie sie in verschiedenen Bundesländern geführt wird. In Hessen wurde eine Lockerung des Bestattungsgesetzes zur Zeit der Filmaufnahmen heftig diskutiert. Das Verstreuen der Asche, dazu vielleicht sogar an einer selbstausgewählten Stelle, könnte dort Wirklichkeit werden. Aber mit einer Neuregelung hat es in Hessen bislang nicht geklappt.

Wieso ist Selbstbestimmung im Umgang mit der Asche eines Geliebten denn tabu? Der Begriff »Tabu« ist hierzulande positiv besetzt. Ein Tabu ist in Deutschland etwas, das man nicht kleinreden soll. Siehe zum Beispiel auch die niederländische »Sterbehilfe«, die hier »ein Tabubruch« genannt wird.

Ist sie ja auch. Für Niederländer ist ein Tabu etwas, das eher negativ beladen ist. Tabus soll man aus dem Weg räumen. Deswegen, aber zugleich, weil die holländischen Händler gern an Tabus etwas dazuverdienen möchten, hat man bei uns speziell für Deutsche einen profitablen Ausweg kreiert. Praktisch betrachtet ist es lediglich ein Umweg: Stichwort »Schmuggelurne«.

Die New York Times hat einmal eine »Kaffeefahrt« von Deutschen per Bus gleich über die niederländische Grenze begleitet, zum Krematorium in Venlo. Und hat dabei eine tiefe kulturelle Kluft zwischen den Nachbarstaaten im Umgang mit dem Tod wahrgenommen.

In Holland, so die NYT, hat der Krematoriumsverwalter seinen Gästen eine Welt vorgespiegelt, in der das Krematorium quasi als Theater dasteht: viel ist möglich. In Deutschland seien Krematorien eher Fabriken. Nicht nur ist, so die US-amerikanische Zeitung, das Einäschern in Holland viel billiger. Zugleich bietet dieser Grenztourismus Deutschen die Möglichkeit, die Asche ihres Verstorbenen wieder zurück über die Grenze nach Deutschland einzuführen. Um für die Urne dann ganz nach Belieben eine schöne Stelle zu finden oder die Asche halt irgendwo auszustreuen, wo es sich Tante oder Schwester gewünscht hätten.

Ein solches Verfahren ist bei uns in den Niederlanden nicht illegal. Im Venloer Krematorium sind die Kunden, vermutlich deswegen, mehrheitlich Deutsche. Die Gefahr, mit der Urne auf dem Rückweg in die Bundesrepublik oder zu Hause noch erwischt zu werden, ist überschaubar. Die niederländischen Krematorien sind nämlich nicht verpflichtet, irgendeinem Amt zu melden, wer die Asche abholt.

Ein Deutscher, der sich das trotzdem nicht zutraut, kann die Asche seines Verstorbenen auf der »Streuwiese« des Krematoriums verstreuen – viele machen das so. Und einige, so erzählt man im Krematorium, holen die Urne einfach nicht mehr ab.

Wir sind, als europäische Staaten mit offenen Grenzen, kommunizierende Röhren. Limburg, die Provinz, in der Venlo liegt, hat schon den Kinderwunsch von so manchem Deutschen mittels Präimplantationstechnik-Tourismus an die Maastrichter Uniklinik erfüllt, wie auch den Wunsch nach Haschisch mittels Drogentourismus. Nur Sterbehilfetourismus über die Grenze geht gar nicht: Dieses Recht ist uns Niederländern vorbehalten.

Interessant ist, dass das Deutsche Reich beim Einäschern eigentlich fortschrittlicher war als die niederländischen Nachbarn. 1878 ging in Gotha das erste deutsche Krematorium in Betrieb. Zehn Jahre später ließ sich dort auf Wunsch Hollands berühmter Schriftsteller Multatuli (Eduard Douwes Dekker) einäschern. Er war in Deutschland gestorben.

Sein Wunsch war Dekkers wohlbewusste Provokation gegen die muffigen niederländischen Sitten. So wie der fortschrittliche Autor in seinem Buch *Max Havelaar oder die Kaffeeversteigerungen der niederländischen Handelsgesellschaft* 1860 die kolonialen Verbrechen beschrieben hat – auch hier war er revolutionär.

In den Niederlanden gab es 1913 das erste Krematorium, in der Gemeinde Velsen an der Nordseeküste, unweit von Amsterdam. Es ging allerdings auf die Privatinitiative eines Klubs moderner Denker zurück. Dort, im Krematorium Westerveld bei Velsen, wird Multatulis revolutionäre Bestattungsgeste auch heute noch geehrt: um seine Urne herum ist ein Denkmal für den Schriftsteller errichtet worden. Seine Asche wurde aus Gotha überführt.

Von da an wurde die Feuerbestattung bei uns zu Lande zwar geduldet, aber erst 1955 legalisiert. »Geduldet«: wieder typisch holländisch? In diesem Fall nicht, denn auch im Deutschen Reich fanden Einäscherungen längst statt, bevor sie gesetzlich geregelt wurden. Das war 1934, unter dem Nationalsozialismus. Es war dann eher nicht in der Bundesrepublik, sondern in der DDR, dass die Feuerbestattung als eine gute Alternative zur Erdbestattung gefördert wurde.

Gegen das Bremer Konzept wird auch heute noch vorgebracht, man müsse die Trauernden vor sich selbst schützen. Denn sie könnten es später bereuen, wenn die Asche nicht an einem Ort des Trauerns verbliebe, sondern einfach weg, weil verstreut wäre.

Die Deutschen müssen, habe ich gelernt, immer wieder vor sich selbst geschützt werden, speziell in Sachen des Lebens und des Todes. Die Autoritäten, Politiker, Ethikrat, Ärzteverbände und Kirchen kümmern sich väterlich darum. Ist es, 75 Jahre nach Ende des Zweiten Weltkriegs, noch notwendig, den Bürgern mit so viel Misstrauen zu begegnen?

Denn wieso soll es »respektlos« sein, selber über die Asche eines geliebten Menschen verfügen zu können? Wer denn, wenn nicht diejenigen, die den Toten geliebt haben, sollte über ihre Würde entscheiden? Die Behörden? Der Ethikrat? Die Kirche? Die Bestattungsfirmen?

Oder auch die Paketdienste? Viele Urnen reisen infolge des Eigentransportverbots per Postversand vom Krematorium zum Bestatter oder Friedhof. Respekt!

Irgendwann werden sich die Gesetze über die Grenze schon angleichen. Geht wohl nicht anders, da die Bundesbürger immer wieder neue Schleichwege finden, um selbst bestimmen zu können, was mit der Asche ihres Verstorbenen geschieht.

Bis dahin können meine geschäftstüchtigen Landsleute sich darüber freuen, den Deutschen einen Gefallen zu tun, sprich: an ihrer Wohltat ein hübsches Sümmchen zu verdienen. »Feuerbestattung in Holland? Jetzt online vergleichen.« Limburg, die am meisten katholische Provinz unseres Landes, hat zugleich die höchste Krematoriumsdichte. Deutschland ist so nah.

Schneemänner und
Widerstandskämpfer

Abdrücke von Kinderschuhen im Schnee. Antoine hat Gesellschaft von einem Schneemann bekommen. Die Schneepuppe ist etwa so groß, wie er selbst es war. Zunächst dachte ich: *jakkes*, igitt, muss das nun sein, aufm Friedhof? Aber da sah ich Antoine schon vor sich hin lachen: lecker anarchistisch!

Auf einem anderen Berliner Friedhof hatten wir uns ja mal über einen riesigen rotmarmornen Engel gefreut, der mangels Kopf durch einen Schneeball als Haupt komplettiert worden war, mit allem Drum und Dran. Das wunderschöne Bild schaffte es in jenem Jahr zu unserem Neujahrsgruß.

Ein paar Tage später war der Schneemann neben Antoines Grab ebenfalls enthauptet worden. Es war kein Tauwetter, also war vorsätzliche Verwüstung im Spiel. Seine Möhrennase und Steinkohleaugen lagen auf dem Schnee. Was ist schlimmer als der Bau eines Schneemanns auf einem Friedhof? Na eben, die Zerstörung des Schneemanns.

In der blattarmen, schneebedeckten Landschaft fällt mir plötzlich ein richtiges Denkmal auf. »Die Toten mahnen« lese ich. Unter einem roten Dreieck, dem Abzeichen für politische Gefangene im KZ der Nationalsozialisten, finden sich die Namen dreier Männer. Sie wurden 1944 oder Anfang 1945 ermordet, liest man.

Diese drei Männer, Fritz Riedel, Kurt Ritter und Willi Heinze, waren Widerstandskämpfer. Leicht ist herauszufinden, dass

sie als Arbeiter der Widerstandsgruppe um den bekannten Kommunisten Robert Uhrig angehörten, der ebenfalls 1944 ermordet wurde. Dessen Grabstätte befindet sich allerdings nicht hier, sondern auf einem Friedhof im Bezirk Pankow.

»Die Toten mahnen« ist ein Spruch, den man auf offiziellen Grabmalen aus der DDR antrifft, oft von »...uns« und »Nie wieder Faschismus« gefolgt. Da kam bei mir die Frage auf, wieso nur diese drei hier unter dem im Verhältnis so massivem Denkmal liegen? Es gab in unserem roten Kiez genug Widerstandskämpfer gegen das nationalsozialistische Regime, die ihre Tatkraft nicht überlebt haben. Und noch mehr Opfer gab es, die als KZ-Häftlinge mit anderen Abzeichen stigmatisiert worden sind.

Ich suche den Friedhof ab, aber nein: Es sind nur diese drei Männer im Schnee, zugleich Arbeiter und Kommunist, die hier als Widerstandskämpfer offiziell geehrt werden.

Viele apokryphe, also unbewiesene Geschichten um das Kriegs-ende erzählt man sich auf dem Friedhof. Der Ort lag quasi auf dem Weg der Roten Armee in ihrer Straßenschlacht zur Befrei-ung Berlins. Ich höre von Anwohnern, dass man SS-Uniformen in der Erde entdeckt hat, als vor dreißig Jahren ein Baum gefällt wurde. Kann sein, aber man weiß es nur vom Hörensagen. Oder auch, dass unter der Wiese Massengräber liegen sollen. Schon möglich, gleiches wird von der Erde unter den Alleebäumen vor meinem Haus, unweit von hier, erzählt.

Unser Gärtner kann das nicht bestätigen. Und er weiß durch-aus Bescheid, was man hier so alles aus der Erde hochbuddelt. Ich schreibe kein historisches Buch. Aber es tut schon gut zu wissen, dass da noch Leute sind, die nicht vergessen möchten, dass hier im Kiez einmal, vor ihrer Geburt, ein heftiger Stra-ßenkampf geführt wurde auf dem Weg zum Reichstag – ein bedeutender Schritt beim Untergang des Dritten Reichs.

Fast wäre allerdings auch das Mahnmal mit dem roten Dreieck unlängst um einen Kopf kürzer gemacht worden. Die Gräber auf unserem Friedhof, bei denen das Nutzungsrecht abgelaufen ist, bekommen einen roten Aufkleber auf den Grabstein. Und es gab hier ein Sozialprojekt für arbeitsmarktferne Jugendliche, oder so ähnlich. Sie wurden damit beauftragt, einige Grabsteine mit solch einem roten Schildchen zu entfernen. Unser Gärtner war gerade noch rechtzeitig zur Stelle, als sie sich daran mach-ten, das Mahnmal für die Widerstandskämpfer aus der Erde loszurütteln.

Wer wartet schon auf Bilder
und Briefe eines Lebens…

Der Tod von Antoine und der meiner Mutter haben mich vor eine völlig neue Aufgabe gestellt. Wie soll ich sie am Leben erhalten? Das heißt: Wie will ich, dass sie bei anderen in Erinnerung bleiben?

Ich bin die mit Abstand nächste Überlebende der beiden. Und nach mir kommt keiner mehr. Menschen mit Kindern und/oder Geschwistern lassen diese Frage nur allzu gerne ruhen. Das werde sich alles von selbst klären. Wertvolle Möbel und schöne Habseligkeiten finden ihren Weg, dazu ein Fotoalbum und ein Bündel alter Briefe. Die Erinnerungen kommen von alleine mit.

So war es wenigstens noch vor zwei Generationen. Spätestens nach zwei weiteren Generationen sind die Erinnerungen auf jeden Fall weg. Wenn ich ebenfalls gestorben bin und unsere teuersten Freunde uns nicht lange überleben werden, wird Antoine nicht länger erinnert werden, ausgelöscht sein. Meine Mutter ist es heute schon, außer bei mir. Und ich selber dann, was bleibt von mir?

Dabei haben Antoine und ich noch das Glück, Bücher geschrieben zu haben, greifbar auf Papier. Eigentlich sind das unsere Kinder. Sie werden uns allerdings wohl kaum überleben. Aber bitte, Frau Hendriks, wer bist du denn überhaupt, wenn man das große Ganze betrachtet? Passt zu dir etwa eine Art Ewigkeitswahn? Trotzdem hat die Frage nach dem Überleben auf der Erde nach dem Tode, gestehe ich, einige Panik in mir ausgelöst.

Dabei denke ich weniger an die greifbaren Dinge, die mich umringen, nicht an Eigentum und Habe. Für das wenige Wertvolle im materiellen Sinne habe ich ein Testament aufgesetzt. Es wird Menschen in unserem Beruf zugutekommen, die in ihren Staaten bedroht werden und vorübergehend nach Deutschland entkommen können. Und für einzelne »Stücke«, auch kleines Zeug, bin ich dabei, ein Kodizill anzufertigen.

Das ist in den Niederlanden ein letztwilliger Zusatz zum Testament, der, eigenhändig geschrieben, die gleiche juristische Wirksamkeit wie das Testament hat. Im Kodizill kann ich zum Beispiel festlegen, dass Freundin X das silberne Pfeffer- und Salzstreuerpaar aus dem Budapester Gellert-Hotel bekommt, das ich in ihrem angenehmen Beisein mit Überredungskunst erworben habe. Freund Y wird sein selbstkreiertes Gemälde zurückbekommen. Und Z unsere Schallplattensammlung, manche Platten gar doppelt.

Da sinkt einem schon bald der Mut. Ein Kodizill lässt sich nämlich jederzeit abändern. Ich habe schon dreimal von Neuem angefangen, um auf vielen handgeschriebenen Seiten hundert Sachen im Haus an fünfzig Menschen zu vererben. Wer macht so etwas bloß, was ist der Sinn? Die Bescherten werden auch nicht viel länger leben als ich. Und ihre Kinder haben alles schon, oft dreifach, von den Großeltern, von Tanten, dann noch mal von den Eltern ...

Es gibt für mich wirklich Wichtigeres als das Vererben von Gegenständen. Das ist, wie gesagt, das Überleben der Erinnerungen. Irgendwann wird auch der Ort verschwunden sein, wo man noch über uns nachsinnen kann: unser Grab. Höchstens ein paar Mal im Jahr wird ein alter, alt gewordener Freund, eine Freundin, dort noch vorbeischauen, aus Berlin, München und Magdeburg, aus Groningen und Amsterdam, und wer weiß, aus Russland, Belgien oder sonstwoher. Bis nach einem Jahrzehnt, oder zwei, keiner mehr weiß, wer die Menschen waren, die dort im Grab liegen. Dann wird auch unser Grab bald verschwinden.

Ist es nicht unerträglich, dass Erinnerungen, Erfahrungen, Einsichten verschwinden? Aber wie kann man sie übertragen? Meine Mutter hat mir viele Briefe, Zettel (welches Putzmittel braucht man für was?) und Ansichtskarten beschert, alles handgeschrieben, wie schön. Antoine und ich gehören dagegen zur ersten Internet-Generation.

Hatte ich 1990 noch bei der Wochenzeitung nachfragen müssen, wie ich meinen allerersten Beitrag, und zwar aus Berlin, noch Hauptstadt der DDR, nach Amsterdam schaffe (»Du gehst zum Hotel Kempinski am Ku'damm und lässt es dort zu uns faxen«), so hantierte ich fünf Jahre später problemlos mit Floppys und Faxmodem, und wieder ein paar Jahre später ging alles virtuell, online.

Das ist ein Segen. Und zugleich ist es ein großer Verlust. Statt auf Papier, findet die Essenz meines Lebens, ebenso wie die von Antoine, sich in unseren Computern wieder: Bilder und Beiträge, schöne Mailbriefe an Freunde, aneinander ...

Zugegeben, in Mails des Partners zu blicken, das geht gar nicht. Das war bei uns echt tabu. Aber seine Mails bringen ihn mir so nah ... Per Zufall bin ich auf eine Mail gestoßen, in der Antoine einer Kollegin vorhält: »Niemals schaut man in die Mails des anderen, meine Liebe, erst nach dem Tod ist das erlaubt.« Seitdem fühle ich mich frei, mich mit seinen Mails zu trösten.

So gibt es Tausende und Abertausende Zeugnisse unseres Lebens. Aber wer wartet auf sie? Mit Bildern zum Beispiel sind die Geliebten und Freunde schon völlig überlastet. Und seit Instagram und Co haben die ihren einmaligen Wert längst verloren. Zudem haben unsere Weggefährten ihre eigenen Erinnerungen an uns und warten nicht auf mehr. Und die Generation ihrer

Kinder legt nicht mal Wert auf Dokumente des Lebens der eigenen Eltern. Es wird nichts mehr archiviert, denn jeder Tag bringt neue, virtuelle Herausforderungen.

Unserer klugen und stets verständnisvollen Freundin und Kollegin Tanja habe ich meine Verzweiflung über unser geistiges Weiterleben, so albern dieses Gefühl auch sein mag, einmal vorgetragen. Zu meiner Überraschung versuchte sie mich zu ermutigen, unser Leben zu dokumentieren, zum Beispiel auf einer Website. Darauf sollten die interessantesten unserer Veröffentlichungen zusammengefasst werden und auch eine Auswahl unserer Bilder (etwa eins von hundert? – da lande ich schon bei vielen Hunderten ...) wie auch Routen und Geschichten unserer Reisen zu sehen sein, bitte gleich verbunden mit Reisetipps: »Auf den Spuren von Annemieke und Antoine«.

Und vor allem sollte ich unsere Lebensgeschichte aufschreiben. Ihre wohlgemeinten Empfehlungen brachten mich zu der erleichternden Einsicht, dass ich unsere Vergangenheit eher nicht melken möchte. In der Zeit, die mir noch gegeben ist, möchte ich weiterhin neugierig auf die Welt um mich herum sein. Darüber will ich schreiben!

Danke, Tanja, habe ich ihr geantwortet, ich fühle mich durch deine liebevollen Vorschläge von einer bleischweren Last befreit. Ich weiß nun, wieso ich das alles eben nicht machen werde. Man muss sich seine Sterblichkeit einfach eingestehen.

Antoine und ich haben immer über jene Journalistik die Nase gerümpft, in der der Autor sich selbst zum Mittelpunkt der Geschichte erhebt und nicht die Menschen, um die es sich dreht: »Ich, der Autor, ich, ich« – brrr. Zwar sind wir in unseren journalistischen Arbeiten zwischen den Zeilen anwesend, in jeder Frage, Beschreibung und Tonsetzung. Aber doch bitte nicht mit uns selbst als Darsteller.

In diesem Buch komme ich allerdings nicht umhin, über meine eigenen Erfahrungen zu berichten. Das fällt mir schon schwer, das bin ich so nicht gewohnt.

Was unser digitales geistiges Erbe angelangt, muss ich freilich noch eine schwere Entscheidung treffen. Ich möchte nicht, dass die harten Scheiben der Computer auf der Straße landen, wenn ich nicht mehr da bin. Sollte ich all diese so persönlichen Daten denn irgendwann löschen? Und findet man jemals den richtigen Zeitpunkt? Das wäre, als ob ich mein und unser Leben auslöschen würde.

Ich konfrontiere ein hochdigitalisiertes, sehr bewusst lebendes Freundespaar mit dieser Frage. Und bemerke, dass sogar sie dieser Frage für sich aus dem Weg gegangen sind. Soll X seine Tagebücher irgendwann schon wegschmeißen, wenn er nicht will, dass Partner Y sie nach seinem Tod findet? Und will er das nicht, oder eigentlich doch? Y hat vor etwa zehn Jahren in einer Kolumne geschrieben, sagt er, wie man sein digitales Erbe verwalten könne: Das ginge an dieses Archiv, und dies bekäme ...

In unserem Gespräch sieht er ein, dass es ein aussichtsloses Unternehmen wäre. Und X könnte er damit wirklich nicht belasten, wenn er als Erster sterben würde. Ich habe den beiden in dem Gespräch quasi das Versprechen abgerungen, wenigstens meine Festplatten zu löschen, falls ich morgen unter die Straßenbahn spazieren sollte. Damit die Sachen nicht in falsche Hände geraten, wie man so sagt.

So könnten zumindest unsere Computer noch ein zweites Leben in Afrika bekommen. Ich werde diese Bitte in meinem Kodizill festschreiben, diesem handgeschriebenen Nachlass mit gesetzlicher Geltung, der eigentlich gar nicht für Bitten geeignet ist, sondern nur für Geschenke. Recht feige, die Entscheidung über unser geistiges Leben anderen zu überlassen. Aber es ist besser als nichts, wenn man sich mit dem Schicksal, unser aller Schicksal, abzufinden versucht.

Der Februar kommt mit einer Überraschung, die das Leben feiert. All mein Ärger kommt mir plötzlich albern vor beim Anblick der wunderschönen wilden Krokusse. Auf den Friedhofswiesen, zwischen den Gräberblöcken und entlang der kahlen Kastanienallee ist ein Meer aus sanftem Lila-blau erschienen. Ich kann mich über nur wenige Dinge so richtig freuen, nicht mal über das Ende des Winters. Aber die Krokusse haben das geschafft.

Auch Antoines Grab ist von erwachender Natur betroffen. Gleich über ihm wimmelt ebenfalls schon neues Leben. Die Schneeglöckchen von Lisl, seiner ersten, österreichischen Ehefrau, die Veilchen von niederländischen Freunden und die Traubenhyazinthe unserer russischen Freundin Daria grüßen ihn.

Frühling

Blausternchen auf den Wiesen, wie schön, vor allem, wenn mit lila Taubnessel vermischt: Der Lenz ist da, und fast jede Woche bietet die Begräbnisstätte einen neuen, fröhlichen Anblick.

Die Blausternchen haben Platz für gelbes Scharbockskraut gemacht, als mein Engel vom Grab geklaut wird. Er war bei Antoines Beerdigung von einer guten Freundin dort hingestellt worden. Es gibt noch ein Bild des Engels aus nächster Nähe, als Beweisstück.

Am ersten April blühen bei Antoine die Narzissen. Aus Holland hatte ich eine große Pflanze voller Zwiebeln, die Blüten noch in der Knospe, eingepflanzt. Sie werden viele Wochen lang halten.

Meine eigene Grabhälfte ist noch kahl und ein Tal, verglichen mit Antoines Hügel. Aber Freunde kommen und gehen, pflanzen auch auf mein Grabtal Akelei, Hyazinthen, Stiefmütterchen. Von überall bringen sie auch Steinchen mit, Steine, verbunden mit einer persönlichen Geschichte. Jemand hat anonym drei kleine weiße Steinchen bei Antoines Kopf hingelegt. Wie schön. Alle, die dich lieben, sind willkommen. Im Tod gibt es keine Konkurrenz.

Friedhofswitwen aus dem Kiez

Die ersten Friedhofswitwen buddeln, pflanzen und gießen schon. Fast jeden Tag kommt eine uralte Frau, klein und krumm und mit so freundlichen Augen, zu ihrem verstorbenen Mann. Nur ein paar kleine frische Pflanzen hat sie mitgebracht und zeigt sie mir. Alles Weitere soll ihre Tochter machen. »Aber eigentlich weiß ich nicht, ob meine Tochter noch mehr Blumen will.«

Aber das dürfen Sie doch sicherlich bestimmen?, versuche ich sie zu ermutigen. »Vielleicht hat meine Tochter Frühschicht«, fährt sie fort, »dann kann sie erst nachher zum Gießen vorbeikommen.« Sie guckt mich fragend an. »Werden sie genug Wasser bekommen?«

Sie redet viel mit ihrem Manfred und singt gar für ihn. Sie redet noch immer mit ihm, als sie sich vom Grab entfernt, um die Gießkanne zu füllen. Auf dem für sie so langen Weg dorthin muss sie weinen. Aber als sie wiederkommt, singt sie sogar ein Liedchen für Antoine.

Wie lange ihr Manfred nun tot ist? »Fünf Jahre schon ... nein ... ist auch egal.« Sie muss nun weiter gießen, sagt sie. Denn gleich wird es regnen. Keine Sorge, sage ich, es wird in den kommenden Tagen genug regnen. »Oh, zum Glück.« Sie gießt konzentriert weiter. Einige Monate später wird sie neben ihrem Manfred ruhen.

Eine andere Frau ist noch kleiner und noch krummer, der Rücken recht schief gewachsen. Sie trägt eine kleine grüne Gießkanne bei sich. Als sie in meine Richtung kommt, sehe ich, sie ist ein wenig dunkelhäutig. Ich meine in ihren Gesichtszügen etwas Indonesisches zu erkennen, wie bei den Menschen aus der ehemaligen niederländischen Kolonie. Thais und Vietnamesen zum Beispiel sehen anders aus.

Nun gibt es in Berlin kaum Indonesier, anders als bei uns. In meinem Geburtsort Den Haag bin ich zwischen ihnen, sogenannten Repatrianten nach der Unabhängigkeit des Landes, aufgewachsen. Fast meine halbe Grundschulklasse war indonesisch, und wie lecker wurde dort zu Hause gekocht! Ich möchte also mal bei ihr nachfragen.

Aber sie irrt über die Kastanienallee des Friedhofs, bleibt stehen, kann sich nicht entscheiden. Ich würde da bestimmt nur stören. Jetzt spaziert sie zur Straße, läuft dort hin und her, bleibt beim Tor stehen, kommt dann wieder. Sucht sie ein bestimmtes Grab? Da könnte ich ihr nicht helfen, denn es gibt hier keinen Grundriss mit Namen, nur einen groben Lageplan mit Buchstaben für die verschiedenen Abteilungen.

Auf »meinem« Bänkchen sitzt eine magere Frau mit dünnen, weißen Haaren. Neben ihr sitzt ihre Nachbarin, vernehme ich, die sie hierher gebracht hat. Damit die fragile, weißhaarige Frau sich endlich die neue Marmorumrandung ihrer Familiengrabstätte anschauen kann. Dort ruhen ihr Sohn und ihr Mann, sagt sie und muss sehr weinen.

Die Ruhestätte befindet sich ein paar Meter von unserer, nur zwei Gräber entfernt. Ein paar traurige staubige Plastikblumen liegen dort auf der Erde verstreut. Da die alte Frau es nicht mehr alleine hierher schafft, obwohl sie in unserem Kiez lebt, kann sie die Grabstelle nicht nach Wunsch gestalten. Wie schlimm ist das, denke ich, immer von anderen abhängig zu sein, wenn man die besuchen will, die man liebt.

Ihr Sohn liegt hier seit sechs Jahren, sagt sie, und ihr Mann erst seit September. Das war kurz vor dem Tod meines Antoine, sage ich. »Ja, ich weiß«, antwortet sie – wie erfreulich. Im ersten Monat nach dem Tod des Mannes hat sie noch oft genug Hilfe bekommen, um es hierher zu schaffen. Eigentlich sind wir hier Nachbarinnen, scherze ich. Um ihre Mundwinkel spielt ein kleines Lächeln.

Der Kummerkasten ist fast jeden Tag beim Urnengrab ihres Mannes. Und fast jeden Tag entdeckt sie etwas Unzumutbares auf dem Friedhof. Das muss man mit irgendjemandem teilen. Ich sehe aus der Ferne immer wieder das gleiche Ritual. Sie geht auf unseren Gärtner-Verwalter-und-nicht-an-letzter-Stelle-Berater zu und macht ihrem Kummer Luft. Und er nimmt sich Zeit für sie. Auch wenn er schon am Fortgehen ist, nimmt er sich noch jede Menge Zeit für ein Gespräch. Häufig geht er gar auf sie zu.

Na ja, Gespräch ... er hört ihr zu. Er bejaht und bestätigt ihr Kummer und Sorge und versucht mal mit einem kleinen

Scherz – seine Laune lässt sich von Ferne aus seiner Mimik ablesen – die Situation zu entschärfen. Er kann vieles nicht lösen, jedenfalls nicht stante pede, aber darum geht es nicht. Sie ist einsam, und er zeigt Engelsgeduld.

Sie hat sich auf dem Friedhof den Spitznamen »Kummerkasten« erworben. Alle, die hier regelmäßig verweilen, kennen sie. Bisweilen ist man, auch ich, in der Stimmung, ihr zuzuhören. Aber halt nicht immer, oder zumeist nicht.

Dabei hat sie oft recht mit ihren Klagen über das Verhalten der Menschen, der Tiere und der sonstigen Natur und Strukturen. Oder zumindest ist was dran. Einmal ist es sogar himmelschreiend, was ihr widerfährt. Nämlich an dem Tag, als die Hälfte der auf ihrem Urnengrab wachsenden Tulpen verschwunden sind, professionell abgeschnitten.

Leider kennen die meisten von uns solche Vorfälle aus eigener Erfahrung. Der Gärtner hört das Jammern oft in Stereo oder Quadrofonie, von allen Seiten. Ich bin daran nicht gerade unbeteiligt. Manchmal wenn ich sie sehe, denke ich: Bitte lass mich kein Kummerkasten werden.

Die Friedhofswitwen aus dem Kiez kennen viele der Verstorbenen noch persönlich. Wie auch der Lebenden, die hier vorbeikommen. »Was früher der Friseur war«, erzählt mir der Gärtner, »ist heute der Friedhof: ein Treffpunkt.« Na ja, korrigiert er sich, so sei es heute eigentlich nicht mehr.

Eine hochbetagte Frau schaut von ihrem Balkon auf ihren kürzlich verstorbenen Mann Bernd. Antoine liegt fast direkt unter ihrem Balkon. Sie winkt mir zu, und ich darf in ihre Wohnung, für einen wunderbaren Blick vom zweiten Stock auf den Friedhof. »Unser ganzer Kiez liegt hier«, erzählt sie und stellt sich als Kristel vor. »Meine Stammkneipe mittlerweile auch, wo ich Bernd kennengelernt habe.«

Kristel macht einen etwas verwirrten Eindruck. Aber das kommt vor allem durch ihren Blick von oben auf das Grab ihres Mannes, eine Erfahrung, die sie immer unendlich traurig und müde stimmt. Wenn sie erzählt, wie ihr Bernd sie in der Stammkneipe zum Tanzen eingeladen hat, »mit einer eleganten Verbeugung«, und wie glücklich er sie, eine ältere Dame schon, gemacht hat, ist sie vollkommen heiter und strahlt. Aber nein, die Stammkneipe gibt's auch nicht mehr. »Stromeck« hat sie geheißen.

Seit 1990 wohnt Kristel in dieser schönen Sozialwohnung. Glück gehabt, sagt sie, wenn auch sie und ihr Bernd einiges dafür getan haben. Aber mit ihrem Lebemann, dem lustigen Macho, den ich auf den Fotos sehe, ging es dann schnell bergab. Anschließend zeigt sie mir Fotos, auf denen er sehr abgemagert ist, und wieder kommen ihr die Tränen.

Sie ist die Einzige, die sich noch unten um ein paar Gräber von alten Bekannten kümmert. »Man hat sich auseinandergelebt hier im Kiez. Viele sind weggezogen. Aber die allermeisten sind tot.«

Die öffentliche Toilette auf dem Friedhof ist seit einiger Zeit abgesperrt, wieso auch immer. Das ist ärgerlich speziell für uns, die Friedhofswitwen.

Unheilsbotschaften

Am 3. April sind meine Narzissen verschwunden. Das ganze Büschel ist mit Zwiebeln und allem aus der Erde gerissen worden. Ich spreche einen Mann an, der mit Kindern Gießkannen füllt. Ähnliches passiert hier offensichtlich öfter mal? »Und wie«, sagt er. »Sofort nach einer Beerdigung sind die Grabkränze häufig weg.«

Er sagt es gelassen, als ob er sich damit abgefunden hat. »Aktion? Ach, das bringt doch nix. Diese Friedhofsverwaltung ist nicht gerade kontaktfreudig.« Ja, er hat es wirklich versucht, und nicht nur er, sagt er. »Aber die stellen sich taub und blind und stumm.«

Ich werde mich ein wenig umhören, plötzlich wieder Journalistin – freilich mit Eigeninteresse. Ein paar Tage später treffe ich auf einen Jungen am Grab seines Großvaters. Sobald ich die Situation anspreche, kommen die irren Geschichten schon. »Meine Oma traut sich nicht mehr alleine hierher«, erzählt er. »Es ist hier schon eine Großmutter beraubt worden.«

Jürgen hat seinen Fahrradladen gleich gegenüber unserem Friedhof. Der Vierziger ist fest im Kiez verankert. Er steht oft draußen vor seiner Ladentür, zwischen den dort abgestellten Fahrrädern. Jürgen ist ein wahrer Beobachtungsposten. Er erzählt eine Geschichte, die mich umhaut.

Schon seit zwei Jahren, sagt er, werde der Friedhof abends nicht mehr abgeschlossen. Der Überwachungsfirma, der Security, deren Schild am Tor hängt, sei längst gekündigt worden – eine Sparmaßnahme. Wirklich? Ein Schloss hängt am Friedhofstor, also darauf muss man erst mal kommen.

»Die Friedhofsverwaltung ist mal bei mir vorbeigekommen«, fährt Jürgen fort.»Man hat mir vorgeschlagen, für hundert Euro im Monat den Friedhof abends abzuschließen und am Wochenende auch wieder aufzuschließen. Für hundert Euro dreißig Mal abschließen und acht Mal aufschließen, dazu am Abend noch eine Runde über den Friedhof machen ...« Jürgen hat das Angebot abgelehnt.

Auf dem Friedhof höre ich, dass man um Ehrenamtliche geworben hat: Rentner, die ab- und aufsperren könnten. Ich kann es kaum fassen. Eine Oma, die sich selbst kaum noch auf den so stillen Friedhof traut, als Wachschutz? Sie sollte zunächst im Dunklen eine Runde drehen, um eventuelle Dealer, Vandalen, Besoffene oder auch Psychiatriefälle, die hier ihre Seelenruhe suchen, zu vertreiben, und dann den Schlüssel umdrehen?

Mein Engel war schon geklaut worden. Diesmal erstatte ich bei der Polizei Anzeige gegen Unbekannt. Völlig sinnlos, und ich sei auch nicht die Erste, seufzt man am Telefon. Dann mal das Ordnungsamt des Bezirks angerufen. Das sei nicht ihre Sache, wird mir erklärt, sondern die der Evangelischen Friedhofsverwaltung. Wirklich? Grabschändung und Störung der Totenruhe sind doch Straftaten? Eben, und dafür sei das Amt nicht zuständig.

Unsere Bezirksbürgermeisterin hält zufällig eine Open-Air-Sprechstunde am zentralen Kiezplatz. Wohl nur ich nehme diese Einladung an – so ein Glück, dass sie Zeit für mich hat. In einem langen, netten Gespräch erklärt sie mir, dass sich die evangelischen Friedhöfe, als Privatgelände, außerhalb der Gewalt des Landes Berlins befänden. Ich verstehe das nicht: Wenn bei mir zu Hause eingebrochen wird, wäre das doch auch keine Privatsache? Die Bürgermeisterin fügt noch etwas hinzu, das mich beunruhigt. Landeseigene Friedhöfe, sagt sie, fallen im Prinzip unter den Denkmalschutz, evangelische Friedhöfe

jedoch nicht. Die Trennung zwischen Staat und Kirche habe ich mir anders vorgestellt. Letztere kann also einen Teil eines alten Friedhofs zu Bauland erklären. Und schöne alte Grabmale einfach entfernen.

Selbstverständlich habe ich versucht, das zuständige Friedhofsverwaltungsbüro zu erreichen. Ich habe dreißig bis vierzig Mal angerufen, aber nie ging jemand ans Telefon. Wir kläglichen Hinterbliebenen sind wehrlos wie alte Grabsteine.

Eine Amsterdamer Freundin schenkt mir als Trost einen neuen Engel. Sie hat ihn an einem meterlangen Eisendraht befestigt, den ich am Grab unter der Erde verbergen soll.

Der Himmel hat zwei Engel mehr

Ein kleiner Rundgang auf unserem Friedhof mit meinem guten Freund Wouter, niederländischer Journalist wie ich. Er war vorher auf meine Bitte hin mit mir ins Büro der Evangelischen Friedhofsverwaltung gegangen, ohne Termin. Die Zuständigen hatten, erwartungsgemäß, keine Zeit für uns. Die laute, gestresste Frau an der Theke erklärt uns lediglich, der Friedhof würde am Abend abgesperrt, es hinge ja auch ein Schild der Überwachungsfirma am Tor.

Also stand ich wieder einmal als Lügnerin und Hetzerin da. Diese Firma hatte ich doch angerufen: Ihr war, bestätigte man mir, schon längst von der Friedhofsverwaltung gekündigt worden. Das werfe ich ein. Die Frau muss es eingestehen, und auch diesmal fehlen ihr die richtigen Worte. Zu den Verantwortlichen schaffen Wouter und ich es nicht. Die seien nicht nur für Bürger unerreichbar, sagt sie, sogar die Mitarbeiter dürfen die Verwalter nicht anrufen. Uns wird die Tür gewiesen.

Aber ... ein paar Tage später ist das Überwachungsfirmenschildchen plötzlich entfernt worden, schlampig, offenbar bei Nacht und Nebel. Ich habe die Überreste dieses Schildchens noch abgedröselt und als Beweis der geheimnisvollen Aktion mit nach Hause genommen.

Jetzt reicht es mir. Mitte April schreibe ich der Verwaltung einen Brief, »betrifft: wiederholte Grabschändungen usw., Störung der Totenruhe, Vernachlässigung von Verantwortlichkeiten und Kommunikationsmangel.« Ich lasse taktisch einfließen, dass ich Journalistin bin. Da ich nur eine allgemeine Mailadresse habe, über die auch vorher nicht reagiert worden ist, mache ich ein wenig Druck, indem ich die Mail CC an die Geschäftsstelle des Evangelischen Friedhofsverbandes Berlin wie auch an einen befreundeten Pfarrer sende. Ich biete in dem Brief auch noch an, dass ich als »Notlösung« bereit wäre, selbst zweimal wöchentlich abzuschließen.

Tatsächlich bekomme ich nun eine Mail zurück, mit einer Termineinladung für Mitte Mai, also einen Monat später. Aber es gibt Handlungsbedarf! Hier im Kiez rückt »der Westen« immer mehr auf. Nicht nur die jungen Touristen, sondern auch die Drogendealer kommen über die Spree in unsere Richtung. Ich habe schon leere Bierkisten, Nadeln und düstere Deals auf dem Friedhof gesehen. Demnächst wird hier bestimmt wieder gezeltet werden – ich kenne die Geschichten.

Auf mein Drängen bekomme ich nun einen Termin noch am 29. April. Leider kann der Geschäftsführer dann nicht dabei sein. Das heißt, wie mich meine Erfahrung mit deutschen Verwaltungen, Behörden und Firmen gelehrt hat: Es wird wahrscheinlich nichts entschieden werden.

Wouter und ich entdecken eine einsame Grabstätte, die, hinter einem Busch versteckt, auf der Wiese gleich hinter Antoine liegt. Sie beherbergt zwei Seelen: die von Stefan Gilsenbach, 1978–2006, und die von Ursula Gilsenbach, 1920–2004. Man ahnt eine gewisse Tragik: Hier fehlt wohl eine Generation. Die beiden Verstorbenen haben jeder einen eigenen Grabstein. Auf dem von Stefan ist sein photographisches Bildnis abgedruckt, das sieht man in Berlin nur selten. Er war ein hübscher Bursche.

Dann sehen wir hinter der kleinen bemoosten Holzbank, inmitten des kleinen Gebüschs, noch ein Grabmal. Es ist ein ziemlich verwitterter, vertikal errichteter Holzblock auf Stefans »freier« Seite. Darauf ist, hinter Glas, noch ein Bild von ihm befestigt, eins mit längeren Haaren, vermutlich aus jüngeren

64

Jahren. Eine Hand liegt auf seiner Schulter. Die dazu gehörende zweite Bildhälfte ist aber zerstört.

Von oben nach unten ist auf dem Holzdenkmal ein Text eingraviert: »Der Himmel hat zwei Engel«. Rätselhaft. Bis wir unten, halb im Boden versteckt, noch ein Wort entdecken: »mehr«. Der Himmel hat zwei Engel mehr. Und gleich neben-an liegt, von Erde bedeckt, ein kleines weißes Schildchen, so ein Pflichtschild, das alle Toten identifiziert. Darauf steht »Thomas Engels« mit einer Nummer, G P I V, B-17-7. Ein Engel mehr.

Aktion Walpurgisnacht

Ich habe schon genug Walpurgisnächte im Kiez erlebt. Was denn, wenn die Gruftis, Gothics und anderen Liebhaber ritueller Partys und Trinkgelage in der Nacht der Nächte, dem Anlauf zum 1. Mai, auf den Gräbern tanzen? Es wird ja nicht zugesperrt.

Um die Jahrtausendwende hatte ich im polnisch-schlesischen Jelenia Góra, vor 1945 das deutsche Hirschberg, gesehen, wie deutsche Gräber von Gruftis als Partymeile benutzt werden: ohne sichtbare national-politische oder antideutsche Motive, einfach so. Die bisweilen wunderschönen Grabhäuschen und Gruben, die teilweise schon kurz nach Kriegsende ausgeplündert worden waren, bieten einfach einen Freiraum für Spaß.

Unser langjähriger Freund Falko, Schriftsteller und Lesebühnen-Performer, hatte vorher einen Nachruf für Antoine im *Tagesspiegel* publiziert. Die Überschrift lautet: »Auf seinem Gazelle-Fahrrad kreuzte der Holländer durch die Stadt«. Das nun bringt mich auf eine gewagte Idee. Für Deutsche ist ein Niederländer auf seinem Fahrrad das Klischeebild schlechthin für das niedliche Völkchen im flachen, windigen Polderland. Falko hat dieses Bild sogar zum liebevollen Motiv seines Nachrufs gemacht:

»Der Holländer kreuzte auf seinem Gazelle-Fahrrad durch die Stadt. Er berichtete über den NSU, Angela Merkel, über die Finanz- und Wirtschaftskrise und Pegida, über das deutsche Bildungssystem. Und immerzu natürlich über Berlin. Etiketten wie ›Arm, aber sexy‹ sagten ihm nicht viel. Er blickte tiefer, aber mit Milde auf die

Schwächen der Stadt, ob nun auf die Armut, die Bauskandale oder die Wohnungsnot. Außerdem war er ein Kenner der russischen Literatur wie überhaupt der ganzen literarischen Einflüsse aus dem Osten. Für niederländische Verlage schrieb er literarische Gutachten. So entdeckte er viele Schriftsteller für die Niederlande, zum Beispiel die Polin Olga Tokarczuk oder den Russen Michail Schischkin.«

Zur anstehenden Walpurgisnacht plane ich eine Aktion: Mit Antoines altem Fahrradschloss werde ich das Friedhofstor abschließen. Falko hilft mir, einen Pressebericht in scharfem Ton zu verfassen, in dem dieses Schloss die Hauptrolle spielt:

»... Der Verstorbene war leidenschaftlicher Fahrradfahrer und versäumte nie, sein Fahrzeug mit einem soliden holländischen Bügelschloss abzuschließen. Mit diesem Schloss werden seine Freunde am Samstag den Friedhof sichern und so die Totenruhe in der Walpurgisnacht garantieren.«

Am 29. April steht mein Notruf, zu meinem Erstaunen, fast seitengroß sowohl in der *Berliner Zeitung* als auch im *Tagesspiegel*. Ich habe Falko gebeten, mich am gleichen Nachmittag zum abgemachten Termin ins evangelische Verwaltungsbüro zu begleiten. Er kommt auf der Rikscha, mit der er sich als Schriftsteller finanziell am Leben hält.

Dort im Verwaltungsbüro beginnt ein Stück absurdes Theater. Vorher hatte man offenbar ausgemacht, dass lediglich ein herbeigerufener Pfarrer mit einer Fortbildung in Mediation das Wort führen wird. Seine Funktion ist wie die eines Hustenbonbons gedacht: Lindern, ohne die Ursachen anzusprechen. »Ich verstehe Sie in Ihrem Schmerz«, und so weiter.

Aber nun liegen die Zeitungen von heute vor. Die Stimmung ist geladen. Zur Sache werden wir allerdings nicht kommen. Denn die beiden Verantwortlichen unserer Verwaltung schweigen in allen Sprachen. Zum »Mediieren«, also Vermitteln, braucht es zwei Parteien. Aber kein einziges Wort ist aus ihrem Munde zu hören, weder dem der Frau noch dem des Mannes. Nicht mal ein Blick geht in unsere Richtung, man schaut weg wie auf einem Friedhof.

Der herbeizitierte Pfarrer-Mediator spricht von »unterschiedlichen Wahrnehmungen«, als ob es hier nicht um harte Fakten ginge, die man nicht wahrhaben will oder mit Security-Schildchenentfernungen aus der Welt zu schaffen versucht. Ich werde umso vollmundiger (oder aggressiver, so Falko). Ungewollt entpuppe ich mich als der klassische *bad cop*, während Falko automatisch die Rolle des *good cop* übernimmt: »Sie meinen es selbstverständlich gut, aber Annemieke ist in ihrem Stress, ziemlich aufgeregt …«

Das klingt fast, als wäre ich vor Trauer wahnsinnig geworden. Wo ich doch will, dass endlich gehandelt wird. Habe ich Falko unterm Tisch noch auf die Zehen getreten? Wie auch immer, wir ziehen unverrichteter Dinge ab.

Meine Aktion mit Antoines altem Fahrradschloss wird am nächsten Tag selbstverständlich durchgeführt. Sie bringt nur ein Dutzend Freunde auf die Beine. Wie auch unseren Gärtner, der kam natürlich nicht drumrum. Aber er hat seine nette junge Frau mitgebracht, und das nun habe ich als eine positive Geste verstanden.

Ich mache das Tor mit dem alten Fahrradschloss nur symbolisch zu. Was ich kaum glauben konnte: Später, an demselben Abend, als die gefürchtete Walpurgisnacht unmittelbar bevorsteht, wird das Tor zum ersten Mal wieder von einer

Überwachungsfirma abgeschlossen. Die Zeitungen und Falkos Takt haben sich wohl als wirksam erwiesen.

Etwa sechs Wochen darauf bekomme ich einen Brief vom evangelischen Geschäftsführer. Der West-Berliner wird sein Mitgefühl zeigen, hoffe ich. Ich erwarte endlich Entschuldigungen, im Namen der Verwaltung unseres Friedhofs. Aber ich lese nur Selbstverteidigendes: Man halte sich an die Regeln. Man mache nichts Ungesetzliches. Dass ich es nur wagen konnte, die Anständigkeit der Evangelischen Friedhofsverwaltung in Zweifel zu ziehen!

Unerwartete Anteilnahme finde ich dagegen auf Facebook. Ein Jörg Zimmer schreibt dort als Reaktion auf die Zeitungsberichte: »In der DDR wurde auf Friedhöfen immer alles geklaut. Wann bekam man schon mal frische Blumen?«

Wieso wird denn dieses »DDR« herbeigeschleppt? Hier im Kiez sind die Bürger des ehemaligen Staates eine schrumpfende Minderheit. Umso mehr, wenn man alle Touristen mitzählt. Dafür gibt es heute einen florierenden Blumenladen gleich gegenüber dem Friedhofstor.

Rosmarin hält das Böse fern

Der Mittelpfad mit den Kastanien, der den Friedhof in der Länge durchschneidet, ist Anfang des wunderschönen Monats Mai zu einem weichrosa Teppich aus runtergefallenen Blüten geworden. Die Wiesen zwischen den Gräbern sind mit hohen weißen Blumen, womöglich Frühlings-Hungerblümchen, übersät, hie und da mit wilden Vergissmeinnicht vermischt und, im hinteren Teil, mit gelben Löwenzähnen.

Ich pflanze Rosmarin auf Antoines Grab und winke dem Gärtner zu. Er würde niemals von sich aus zu einem Angehörigen ans Grab kommen, logisch. Aber ich lade ihn mit meinem Blick gern zu einer kleinen Unterhaltung ein.

Dann spricht er die Worte: »Rosmarin hält das Böse fern.« Ich denke, das ist irgendeine Art von Beschwörung gegen den Teufel, na ja, das würde hier schon passen. Aber er erklärt mir, dass Rosmarin das Ungeziefer fernhält.

Als der Rosmarin etwas herangewachsen ist, treffe ich beim Wasserpunkt auf eine nette Frau und wir quatschen über Pflanzen. Sie kennt sich besser aus als ich, die noch nie einen Garten hatte. Daher spaziert sie mit rüber zu meinem Grabgarten im Werden, erklärt mir einiges über das ziemlich unorganisierte Grün, das schon aus dem Samensäckchen der Grünen zum Vorschein kommt, und steckt sich nebenbei ein paar Blättchen in den Mund von etwas, worin sie jungen Estragon zu erkennen meint.

Als sie das Gleiche mit dem Rosmarin macht (»Hmmm!«), empfinde ich ein seltsames Glücksgefühl. Isst sie nicht eigentlich ein wenig von meinem Antoine mit? Welch schöner Tabubruch. Ich nehme mir vor, auch Frühlingszwiebeln und Salbei anzupflanzen.

Mahlzeit!

Der junge Gärtnergehilfe grüßt mit »Mahlzeit!« Das erste Mal hatte ich gerade ein Käsebrot in der Hand und habe mich bedankt. Diesmal esse ich nichts, als er mir »Mahlzeit« wünscht. Ich rufe zurück: »Ja, für die Würmer!« Denn ich kenne diesen typisch Berliner Gruß noch nicht.

Wir geraten in ein lustiges Gespräch. Die Würmer kommen gar nicht so tief runter, dass sie die Särge erreichen, erklärt er mir. »Der Mensch verrottet von alleine.« Wie? Ich bin wirklich nicht sehr textfest, was die Literatur angeht. Aber seit ich diesen einen tollen Dialog aus Shakespeares *Hamlet* kenne, also seit gut vierzig Jahren, habe ich immer gedacht, die Würmer fressen die Verstorbenen, und das sei auch gut so. Locker übersetzt lautet dieser Dialog:

> »Wo ist Polonius?«
> »Er ist beim Abendessen. Nicht wo er isst, sondern wo er gegessen wird.«

Aber wieso beraubt man denn die Würmer ihrer Mahlzeit, indem man die Särge so tief wegsteckt? Ich hätte die Antwort des Gärtnergehilfen erraten können. »Das ist vor allem gegen die Füchse und Wildschweine und so weiter gerichtet.«

In Den Haag, der Stadt, aus der ich stamme, praktiziert man eine schöne Variante auf Shakespeare:

> »Wo ist Piet?«
> »Er liegt auf der falschen Seite vom Gras.«

Mein so modern denkender Antoine hat einmal beiläufig gesagt, dass er in der Erde begraben werden möchte. Ich habe mir das gemerkt. Erst später habe ich verstanden, wieso das sein Wunsch war. Sein Vater war Azaleenzüchter in Boskoop. Er hat Antoine mitgegeben, dass alles Lebende aus der Erde hervorkomme und auch in der Erde vergehen soll. Wie halt die Azalee, die auf Antoines Grab tatsächlich schnell vergangen ist. Ich habe das nicht bedauert, bei dieser so spießigen Grabpflanze. Und Antoine hätte nicht mal gewusst, dass es eine Azalee ist. Er hat nicht mal Unkraut von Geranien unterscheiden können: sein unbewusster Generationskonflikt mit dem Vater?

Das herumwimmelnde Leben würde, so meinte Antoine, die Schätze aus seinem Körper schon zum Eigennutz anzuwenden wissen. Das fand er gut. Und wie froh ich heute damit bin, dass er sozusagen ganzkörperlich, und zum Nutzen der Natur, in meiner greifbaren Nähe ist.

So häufig sitze ich auf dem Bänkchen und genieße, was die Natur aus meinem wilden Garten macht. Aber ich bin auch vorgewarnt worden. Das war ein Schock, obwohl ich es hätte wissen können. Wenn du stirbst, hat mich ein Freund am Grab erinnert, wird alles, was du auf deiner Grabhälfte an Pflanzen gestaltet hast, zunächst völlig umgebuddelt. Du musst ja rein! Ich versuche mich mit diesem Schicksal abzufinden.

Und wie möchte ich denn wohl in der Friedhofserde landen? Mein Sarg soll so nachhaltig wie möglich sein. Nicht, weil ich eine Ökoprinzipienreiterin wäre, sondern weil ich Jahre, wenn nicht Jahrzehnte, auf Antoine aufzuholen habe in Sachen Vergehen, also Verwesen.

Da werde ich auf niederländischen Websites schnell fündig. Eine Organisation für nachhaltigen Medienkonsum, deren Gründer ich noch aus meinen Groninger Studentenjahren kenne, hat einen Workshop »Särge bemalen« organisiert – mit Erfolg. Dazu hatte er sich aus Polen bei der Firma Öko-Ben Selbstbaupakete für Pappsärge besorgt. Für weniger als fünfzig Euro konnte man seinen Sarg bekommen und ihn bemalen. Zum Beispiel, so eine Amsterdamer Bestattungsfirma, »mit nackten Männern, womit der Verstorbene ausdrücken möchte, dass er Männer geliebt hat.«

Wenn ich allerdings im Internet auf Deutsch »Sarg aus Pappe kaufen« eingebe, bekomme ich lediglich schräge Angebote für Halloweenpartys. Die Bestatter bieten nur klassische Holzsärge an. Aber eine Berliner Firma produziert Särge aus einem Holzwerkstoff namens Lignoboard und gibt auf ihrer Website ungefragt die Antwort zu der Frage nach Pappsärgen: Särge, die nicht aus dickwandigerem Holz bestehen, dürfen nur bei Feuerbestattungen eingesetzt werden.

Eine Erdbestattung, also ein klassisches Grab, ist nachhaltiger, umweltfreundlicher als eine Feuerbestattung. Das Verbrennen einer Leiche kostet nun mal viel Energie. Das wichtigste niederländische Forschungsinstitut in Technologie, TNO, hat berechnet, dass eine durchschnittliche Kremation so viel CO_2 ausstößt wie eine Autofahrt von Amsterdam nach Prag. Dagegen kommen unsere vier Quadratmeter Pflanzengrab der grünen Lunge der Stadt zugute.

Aber ich darf meinen Erdsarg in Berlin nicht nach Nachhaltigkeitskriterien wählen. Zwar gibt es auf einigen Friedhöfen die Möglichkeit, sich in einem Leinentuch beisetzen zu lassen. Das ist namentlich in der islamischen Kultur Pflichtsache. Der zugrunde liegende Gedanke unterscheidet sich nicht von dem von Antoines Vaters: Der Mensch ist aus der Erde genommen und soll wieder zu Erde werden. Und zwar so schnell wie nur möglich. Das führen Muslime konsequent durch, wohingegen dieser Prozess bei den Christen seltsamerweise so langsam wie nur möglich vonstattengehen soll. Der dickwandige Sarg verhindert ja das Vergehen.

Es gibt in der Bundesrepublik die Bestattungspflicht. Und damit ist, wie ich entdecke, viel mehr gemeint, als das Wort vermuten lässt. Särge dürfen hier nur in Friedhofserde versenkt werden, als verschlossenes Ganzes und feuchtigkeitshemmend verpackt. Die Firma von Lignoboard meldet zu diesem Thema, dass man »oft den Zeitpunkt des Sargeinbruchs im Erdreich aufgrund eines ungewissen Zersetzungsprozesses möglichst weit in die Zukunft verlagern möchte«.

Soll der Leichnam vergehen, bevor der Sarg zusammenfällt? Werden hier Naturgesetze mit Mythen vermischt? Steckt dahinter etwa der Gedanke, die Seele soll die benötigte Ruhezeit bekommen, um irgendwohin aufzusteigen?

Dieser Auferstehungsgedanke ist uralt. Seitdem hat die Menschheit allerdings einige weitere Gedanken zum Thema entwickelt. Ich zum Beispiel bin fest davon überzeugt, dass mit dem Leib alles vergeht. Wie schön wäre es, eine Seele zu haben, die irgendwo herumtanzt.

Mein Grab befindet sich gleichwohl auf einem christlichen Friedhof. Der evangelische Friedhofsverband meldet auf seiner Website zu »Grabarten anderer Glaubensgemeinschaften«: »Informationen in Vorbereitung.« Das werde ich wohl nicht mehr erleben. Außerdem gehöre ich keiner anderen Glaubensgemeinschaft an. Wahrscheinlich würde mein Grabartwunsch auch in der Zukunft nicht mitzählen.

Mit Eifersucht blicke ich auf Websites Amsterdamer Friedhöfe, die sogar mit Bildern illustrieren, wie man ein solches Leinentuch, oder was für ein Tuch auch immer, zusammenfalten soll.

Heute sind es dort vor allem auch holländische Nichtreligiöse, die mit selbstgewebten Leichentüchern zu Lebenszeiten ihre Wand dekorieren, um sich nach ihrem Tod in dieser Wandtapete beerdigen zu lassen. Memento mori! Bedenke, dass du sterblich bist! Auf Wunsch kann man dann die Leiche, in dem Tuch eingewickelt, auf eine Bahre oder auch in einen offenen Weidenkorb oder ähnliches packen lassen.

Das niederländische Geschäftsmodell hat sich in Jahrhunderten geprüfter Kaufmannschaft auch in der Beerdigungsbranche herauskristallisiert – wie bereits bei den Krematorien deutlich wurde: Je weniger Prinzipien, umso mehr Geld kann man verdienen. Es wird damit geworben, dass fast nichts unmöglich ist, was die Umhüllung eines Leichnams angeht. Das Gleiche gilt in weiteren Bereichen des Sterbens, wie sich noch herausstellen wird.

Eine Bestattungsfirma in Amsterdam trifft den zeitgemäßen Ton: »Bloß nicht die Beisetzung so organisieren, wie man es von dir erwartet!« In Deutschland dagegen beruht das Geschäftsmodell der beteiligten Firmen und Verwalter gerade auf den vielen altbewährten Prinzipien. Und Särge aus massivem Holz bringen nun mal das meiste Geld ein.

Aber Not bricht Gesetz, das ist überall gleich. In Amsterdam war der Holzmangel während des letzten Kriegswinters so groß, dass ein Teil des »leeren« jüdischen Viertels in den Kachelöfen verschwunden ist. In Berlin musste die Bepflanzung nicht nur des Tiergartens dran glauben. In solchen holzknappen Zeiten wurden Särge vor ihrer Verbrennung aus dem Krematorium gerettet. Und für Erdbestattungen hat man Aufklappsärge benutzt, mit einem Loch im Boden, sodass man sie nach Entsorgung der Leiche erneut verwenden konnte. Und wenn die Not zu groß war, hat man die Verstorbenen schlicht in Tüchern begraben.

Das sarglose Begraben war im christlichen Abendland aber auch viel früher nicht immer ein Tabu, speziell im Mittelalter nicht. Ich lese, dass der Habsburger Kaiser Joseph II. Ende des 18. Jahrhunderts für Wien die Nutzung von einem Sarg pro Kopf verbieten ließ. Er befürchtete, dass zu viel Holz aus seinen Wäldern dafür verschwendet werden würde. Vermutlich war Joseph, der älteste Sohn von Maria Theresia, sogar der Erfinder dieses wiederverwendbaren Klappsargs. Der in Leinen gehüllte Leichnam fiel damals in Wien aus dem Sarg ins Grab; der Sarg hat überlebt. Wie kosmopolitisch und nachhaltig hat dieser katholische Kaiser gedacht. Nicht zufällig hat er die Kirche den Gesetzen des Staats untergeordnet: eine revolutionäre Aufklärungsmaßnahme.

So lang ich lebe, kann ich Antoine meine Liebe geben, auch wenn ich nicht mehr von seinen Augen ablesen kann, dass er sich darüber freut. Aber mit meinem Tod wird meine Fähigkeit zu lieben ihr Ende finden. Das ist eine schmerzliche Aussicht. Trotzdem sehe ich ihr lieber ins Auge, als mich mit einem märchenhaften Wiedersehen unserer Seelen im Jenseits zu trösten. Würde auch wenig bringen, weil ich ihn dann nicht anfassen kann.

So schnell wie nur möglich möchte ich zusammen mit meinem Antoine vergehen. Wenn es die Würmer nicht so tief hinunter schaffen, wird es der Natur schon ohne sie gelingen. Und umso zügiger, wenn nicht eine dickwandige Holzhülle diesen Prozess unnötig hinauszögert.

Die Selbsthilfe und das Spitzeln

Überwacht wird der Friedhof weiterhin nicht: zu teuer. Na ja, überwacht schon. Die Menschen in den umliegenden Häusern beobachten uns ständig.

Mit Freunden versuche ich, mithilfe eines Seils einen Baumast abzubrechen, der seit einer stürmischen Nacht drohend, weil halb abgerissen, über unserem Grabgarten schwebt. Denn ein Ast aus demselben Baum ist eine Woche zuvor nicht mal einen Meter von meinem Kopf entfernt gelandet und hat immerhin die zarten Blüten beschädigt.

Prompt werden wir vom Balkon als Vandalen beschimpft. Wir wollen ja nichts heimlich machen. Wir möchten lediglich eine Gefahr ehrenamtlich bekämpfen, was uns im Übrigen schlecht gelingt. Meine Freundin Elfriede, eine 78-jährige, gut erzogene und chic gekleidete Ost-Berlinerin, ruft nach oben: »Schauen sie uns an, wir sind doch bitte schön keine Vandalen.« Uns flüstert sie zu: »Stasi!«

Von oben hatte man auch einen schönen Ausblick auf meine blühenden Narzissenzwiebeln. Die dann plötzlich weg waren. Aber das wiederum will keiner dort oben wahrgenommen haben; ich habe noch bei unserem Gärtner nachgefragt. Dann wird, um das Maß voll zu machen, der Amsterdambecher vom Grab entwendet, wahrscheinlich auch bei offenem Tor, also tagsüber, denn im Dunkeln ist er nicht zu sehen. Den Becher mit den drei roten Kreuzen des Amsterdamer Stadtwappens hatte Jos mitgebracht, Antoines bester alter Kumpel, der gemeinsam mit mir Antoines Sterben erlebt hat. Ich sinne auf einen Weg, um den nächsten Dieb am Kragen zu fassen.

Kurz darauf treffe ich auf zwei Männer vom Ordnungsamt, die ihre Arbeitspause auf der Friedhofsbank beim Eingangstor verbringen. Hurra, das Ordnungsamt vor Ort! Ich lege ihnen mein Problem vor. Darauf empfehlen sie mir etwas höchst Originelles: eine Wildkamera. Das Gerät könne ausgezeichnet als Überwachungskamera Dienst tun, sagen sie. Beim Discounter gäbe es sie schon für ganze hundert Euro.

Nach Rücksprache mit meinem Freund Daan, einem niederländischen Dokumentarfilmer in Berlin, kaufe ich eine Wild- und Überwachungskamera im Sonderangebot. Wir entscheiden uns, sie in eben diesem Baum zu installieren, aus dem wir vorher versucht haben, den toten Ast zu entfernen.

Auch diese Aktion werden wir bei Tageslicht ausführen, sichtbar für alle, die wollen. Vielleicht geht davon schon eine präventive Wirkung aus. Oder die Menschen oben werden bestenfalls verstehen, dass wir beim Aufspüren von Tätern seriöse Spitzelgenossen sind: Auch wir sehen alles!

Vom Ordnungsamt fühle ich mich bei diesem Eingriff in die Privatsphäre abgedeckt. Offenbar denke ich, die ich einst Rechtssoziologin geworden bin, mehr über dieses Thema nach als sie, die Ordnungshüter. Daan und ich entscheiden, dass wir Bilder von Besuchern, die zufällig ins Visier laufen, sofort löschen werden. Im Übrigen wird meine eigene Privatsphäre von oben ständig geschändet: Unsere Ast-Aktion ist von dem Balkonspitzel fotografiert worden, und wer weiß, was alles sonst noch.

Also, der baumlange, schilfdünne Daan balanciert auf dem wackeligen Gepäckträger von Antoines altem Gazelle-Rad, schaltet die Kamera an und befestigt sie mit Seilen, gut versteckt hinter dem Efeu, am Baum. Nur diejenigen, die diesen Stunt beobachtet haben, wissen Bescheid: Für alle anderen ist die Kamera unsichtbar. Nach einigen Tagen holt Daan die Speicherkarte mal aus der Kamera. Das Ergebnis: ein paar vage Gestalten im Vorbeigehen, und … eine Fuchsfamilie, die auf unserer Grab-stätte herumtobt! Daan und ich sind von den schönen, wenn-gleich unscharfen Bildern gerührt.

Aha, deswegen haben kürzlich Kunststoffblumen von den Gräbern zerstreut auf der Wiese gelegen, mit Federn und ei-nigen Vogelleichen vermischt. Ich hatte zunächst gedacht, der Sturm wäre an allem schuld gewesen und die Vögel wären aus den Bäumen herabgestürzt. In meinem Grabgarten haben die Füchse nicht viel Schaden angerichtet. In der Nacht ist der Fried-hof eine völlig andere Welt. Dann herrschen Naturgesetze, von denen wir Menschenkinder keine Ahnung haben.

Als Daan die Speicherkarte wieder in die Kamera stecken will, für – so haben wir abgemacht – unsere letzte Spitzelei, ist diese selbst futsch. Verschwunden, gestohlen, entwendet, wie gut versteckt auch immer sie unter dem Efeu am Baum war. Das war das ruhmlose Ende des Projekts Wild- und Überwa-chungskamera. Daan und ich haben einiges dazugelernt, über Menschen und Tiere.

Überwacht wird unser Friedhof zwar nur informell, aber wird er nun wirklich abgesperrt? Im vollen Frühling geschieht das offiziell um 20 Uhr. Kurz vor acht entscheide ich, hinzugehen, um unsere Überwachungsfirma Power mal zu bespitzeln.

Ich hatte mich dort telefonisch über die Schließzeit infor-miert, weil die mir ziemlich unberechenbar vorkam: nicht nur Minuten, sondern mitunter Stunden pro Tag auseinander, von einem Tag zum anderen. Eigentlich wollte ich mich darüber beschweren. Aber der Mann am Telefon war offen und gedul-dig. Man würde für das tägliche Abschließen so schlecht bezahlt, erklärte er mir, dass unser Friedhof eben dort eingeschoben werde, wo es so passe. Also zwischen dringendere Aufträge. Das heißt, von besser bezahlenden Kunden.

Meine Nachfrage, ob man zuerst noch eine Runde über den Friedhof mache, um zu gucken, ob vielleicht noch jemand da und alles in Ordnung sei, wurde bejaht. Und sofort relativiert. »Na ja, wenigstens machen die Scheinwerfer vom Tor aus die Runde. Wir haben zwanzig Friedhöfe täglich, von anderen Schutzobjekten mal abgesehen. Da können wir uns nicht jedes einzelne Grab anschauen.«

Die Begräbnisstätte liegt, von einem älteren Mann auf einem etwas entfernten Bänkchen abgesehen, wie ausgestorben da. Sein Winken ist einladend, und er sieht nicht gefährlich aus. Beim Warten auf die Security-Firma kann man die Zeit besser zu zweit totschlagen, entscheide ich.

Er sei Klaus, ein Ingenieur, der, so erzählt er, aus Bielefeld stammt. Offenbar ist das zu betonen ihm wichtig, obwohl er, sagt er, schon seit dreißig Jahren mit seiner Frau in Berlin lebt. Von hier aus kann er quasi in ihre Wohnung blicken; der Friedhof ist also sein Garten.

Und wir haben uns schon mal gegrüßt, sagt er, wir kennen uns doch. Aha, deswegen hat er gewunken. Ein angeregtes Gespräch entsteht, wobei ich regelmäßig Richtung Tor gucke. Klaus beruhigt mich: er ist schon einmal rübergeklettert, als man ihn übersehen hat, wie er umgekehrt die Firma. Ging auch.

Ich stöhne, wie gern ich ein ordentliches Grabhaus mit einer Tür drin hätte. Zum Thema Abschottung (gegen Diebe, gegen alle) steuert Klaus die deutschen Urlauber am holländischen Nordseestrand bei – er weiß schon, wo ich herkomme. Als Erstes haben sie, erinnert er sich, immer eine gut sichtbare, möglichst hohe Umzäunung aus Sand um ihren Sonnenplatz herum gebaut. Ja, und wie haben wir Kinder von der Nordsee darüber gespottet und heimlich versucht, Löcher in die deutschen Schlossmauern zu graben!

Ich erzähle Klaus über meine Spitzelerfahrungen auf dem Friedhof, über die als »Opfer« und die als »Täter«. Darauf erzählt er vom Fuchspaar, das hier zu Hause war, dann vor zwei Jahren »weggeräumt« worden ist, aber wieder da ist – wenn es das gleiche Paar ist. Hinten bei der Mauer haben sie ihren Fuchsbau, mit Welpen.

Es waren, höhne ich, aber bestimmt nicht die Füchse, die meine Narzissenzwiebeln so sorgfältig ausgegraben haben. Und Becher und Engel könnten sie ebenso wenig gebrauchen. Ich erzähle Klaus, halb aus Spaß, dass Blumenzwiebeln in Holland über Leben und Tod entschieden haben. Das war im Hungerwinter des letzten Krieges, 1944–45. Man hat sie in den westniederländischen Großstädten gegessen, weil es nichts anderes Essbares mehr gab.

Nee, gar nicht lustig, aber Klaus zieht dabei eine possierlich abschätzige Miene. Wobei wir doch beide nicht wissen, wie Tulpen- oder Narzissenzwiebeln überhaupt schmecken. Er versucht mich dann mit Bielefeld 1944 zu überbieten, wo nach einem letzten, schon sinnlosen alliierten Bombenangriff, so Klaus, wochenlang nur Steckrüben aufm Speiseplan gestanden haben. Iiii, Steckrüben! Wir wissen beide, wie die schmecken.

Indes haben wir bei unserem Gequatsche die Zeit vergessen. Gegen 21.30 Uhr kommt uns eine säuerlich guckende Gestalt entgegen: der Mann von der Überwachungsfirma. Ob wir nicht wüssten, dass um 20 Uhr abgeschlossen wird, steht doch aufm Schild. »Sie können froh sein, dass ich Sie überhaupt gesehen habe.«

Die Absurdität der Situation stimmt mich noch fröhlicher. Es ist doch schon halb zehn, sage ich lachend, aber schön, dass Sie wissen, dass um acht abgeschlossen wird. Der Mann lässt sich jedoch nicht aus dem Feld schlagen. »Sie hätten hier längst weg sein sollen.«

Aber wieso denn, wenn wir uns noch anderthalb Stunden gemütlich haben unterhalten können? »Das ist sicherlich nicht immer so«, antwortet er mürrisch. Klaus grinst lediglich, aber ich lasse nicht locker. Mir hat seine Firma Power doch erzählt, man schaue wenigstens vom Tor aus noch mit dem Scheinwerfer über das Gelände? Na denn, dann können wir doch ruhig abwarten?

»Nein, dafür haben wir doch gar keine Zeit«, antwortet unser Überwacher nun ungeduldig. »Wir machen zwanzig Friedhöfe, und das sind bloß die Friedhöfe.« Ja, es leuchtet mir schon ein. Beim nächsten Mal wird mir Klaus sicherlich über das Tor helfen.

Unmögliche Trauerrede über Mutter-
liebe und Sinnlosigkeit

Heute, am 11. Mai, hat meine Mutter Geburtstag. Sie heißt Maria, Rufname Rie. Und diese Maria ist, wie die Gleichnamige aus
dem Jahre null, »unbefleckt« schwanger geworden. Wenigstens
hat sie mir das immer wieder erzählt, mit vollem Ernst.

Wenn es nicht wahr ist, ist es schön erfunden. Ich sitze auf
meinem Bänkchen bei Antoine und überlege mir, was ich in
meiner Rede bei der Beerdigung meiner Mutter erzählt hätte,
wenn es eine gegeben hätte.

Vermutlich habe ich meiner Mutter zu verdanken, dass ich
eine Wahrheitssucherin geworden bin, sowohl privat als auch
beruflich. Aber leider eher trotz ihr. Schon als Jugendliche habe
ich meine Wahrheitssuche bei ihr erprobt. Es wurden bei uns
zu Hause nun mal zu viele Geschichten erfunden, es wurde zu
viel Schein aufrechterhalten, und darauf habe ich empfindlich
reagiert. Auf der Suche nach Wahrheiten war ich ziemlich gnadenlos. Darauf bin ich nicht stolz, aber es musste sein.

Zum Beispiel bei ihrer nachweislich in heroische Richtung
umgeschriebenen Familiengeschichte der Zeit unter deutscher
Besatzung 1940–45, und wie schlecht es ihnen damals gegangen
sei. Da konnte ich sehr konfrontativ werden: »Lüg doch nicht!
Dein Vater hat als Handelsreisender in Berlin und Riga an dem
Krieg doch nur gut verdient!«

Sie war erst sechzehn Jahre alt, als sie ihren Vater 1936, während der Olympiade, in Berlin besuchte. Wie hatte sie sich gefreut, ein Superfest sei das gewesen. Nein, das wollte ich nun

überhaupt nicht hören, als ich selber sechzehn war, zumindest nicht ohne jede kritische Reflexion. Zugestanden, 1936 hatte sie als Gymnasiastin lernen müssen, dass das Deutsche Reich eine befreundete Nation war. Aber seitdem war doch so einiges passiert.

Nicht nur nach Wahrheiten war ich auf der Suche, auch nach dem Authentischen in meiner Mutter. Wer war sie? Ich habe regelrecht gequengelt, um zu erfahren, was sie wirklich mag, was sie machten möchte, vielleicht gar ein Lebensziel. Alles ziemlich vergeblich. Am wichtigsten war ihr, den Schein von Glück und Geld aufrechtzuhalten. Denn von beidem gab es zu wenig.

Sie hatte eigentlich nur ein Ziel: Es sollte zu Hause »gezellig«, gemütlich, bleiben. Uns bitte nur über Gehaltloses unterhalten – obwohl mein Vater sich daran nie gehalten hat. In kleiner Gesellschaft hat meine Mutter zwar viel gelacht, und meine Schulfreunde fanden sie total nett. Dabei hat sie oft an den falschen Stellen in einem Gespräch gelacht. Als wenn jemand über einen Witz lacht, der noch nicht zu Ende erzählt ist.

Häusliche Stille, die doch so entspannt sein kann, fand meine Mutter offenbar unerträglich. Die musste ständig mit völlig belanglosen Fragen an meinen Vater – wenn er nicht in seinem Schrebergarten war – und mich – wenn ich nicht auf meinem Zimmer war – durchbrochen werden.

Immer wiederkehrend: Ob man wohl warm genug angezogen sei. »Echt wahr? Nicht noch einen Schal umbinden? Echt nicht? Du wirst dich noch erkälten. Binde doch einen Schal um. Nein? Aber doch! Es wird regnen. Ja echt, es kommt Regen. Also…« Um die Antworten ging's ihr nie, und da ist tatsächlich nur wenig zurückgekommen: »Jáhaa.« »Néhee.« Wir haben uns schnell davongemacht.

Mein Vater konterte ab und zu: »Rie, hou je Waffel!«, halt bloß das Maul. Er hörte ihr schon längst nicht mehr zu, der

Frau, die er aufrichtig geliebt hat. Umgekehrt haben Vaters Monologe über eine bessere Welt alle abgeschreckt, sogar seine eigene, immerhin so sozialistisch geprägte Arbeiterfamilie. Seine Brüder revoltierten gegen ihn, als er mich nicht studieren lassen wollte, weil ich mich nur von der Arbeiterklasse entfremden würde. Für mich hatte er seine Autorität längst verloren, und dank eines Reichsstudienstipendiums war ich ohnehin unabhängig.

Als ich mit achtzehn aus dem Haus war und nur selten wiederkehrte, waren meine Eltern auf sich angewiesen. Freunde gab es kaum, denn Freundschaft erfordert Ehrlichkeit und Gesprächsbereitschaft. Mein Vater hat sich mehr und mehr in seinen Schrebergarten zurückgezogen. Bis er dorthin nicht mehr radeln konnte, mit 85. Dann ist er schnell gestorben.

Mir sind meine Eltern immer fremder geworden, beide auf ihre eigene Weise. Meine Mutter ist gestorben, als ich sechzig war. Niemals habe ich sie aufrichtig glücklich gesehen – nicht vor und nicht nach dem Tod meines Vaters.

Wie hätte ich, als ihre einzige Nachfahrin, meiner Mutter in meiner Rede gedenken sollen? Mit den üblichen Fast-Heiligsprechungen in solchen Ansprachen habe ich immer nur wenig anzufangen gewusst. Bei Antoines Tod haben die Freunde, die genauso denken, sich vor allem an skurrile Augenblicke aus seinem Leben erinnert. Wie er sich zum Beispiel 1969 in zu enge Jeanshosen gepresst hatte, liegend im Laden: »Die engste ist genau richtig, die nehme ich!«

Auch bei meinem Tod soll es genug zum Lachen geben. Meine unmöglichen Seiten werden dabei nicht ausgespart werden, und das ist auch gut so. Wie gefühllos ich mich meiner Mutter gegenüber äußern konnte. Na ja, »gefühllos« wäre bei Annemiekes Verhalten zu ihrer Mutter eigentlich nicht das richtige

Wort – etwa so würden meine Freunde sich selbst sofort korrigieren. Und hinzufügen, dass ich meine Mutter doch geliebt hätte.

Mich hat meine Mutter zweifellos sehr geliebt. Und sich selbst dabei hintangestellt. So viel hat sie für mich getan, und wirklich alles hätte sie für mich getan, wenn ich sie nicht daran gehindert hätte. Ihr Leben sei sinnlos, sagte sie oftmals. Sie habe nur für mich gelebt.

Beides war mir unerträglich, sinniere ich auf dem Friedhofsbänkchen. Philosophisch betrachtet mag sie mit der Sinnlosigkeit des Lebens recht gehabt haben. Eine Tomate wächst nicht, weil sie gegessen werden möchte. Und wir Menschen leben nicht, weil das ein bestimmtes Ziel hätte, also einen Sinn.

In der Praxis hätte sie so viel mehr aus ihrem Leben machen können. In dieser Hinsicht tut mir meine Mutter wirklich leid, wenn ich heute an ihrem Geburtstag an sie denke. Sie hatte ihren guten Job damals gegen meinen Vater und für eine Hausfrauenexistenz eingetauscht, weit unter ihrem gutbürgerlichen Stand. Aber auch nach dem Fehlstart mit meiner Ankunft in ihrem Leben, die sie mir übrigens niemals vorgeworfen hat, hätte sie sich noch leicht aus dem Schicksal des verhassten Kochens und Putzens und Nähens befreien können.

Meinem Vater hat sie ihr Schicksal nie verziehen. Deswegen nahm ihre Liebe für mich die Gestalt der Angst an. Nur »die Männer« seien schuld an allem. Von ihnen solle ich mich prinzipiell fernhalten. Ich erzählte ihr aus meinem frechen Leben bald nichts mehr.

Als ich dann doch, mit fast vierzig, einen Termin zum Kennenlernen mit ihr und Antoine vereinbart hatte und er zwei Minuten über die Zeit noch nicht erschienen war, flüsterte sie mir zu: »Kind, der taugt nichts!«

Ich sollte bloß nichts Neues, nichts Unbekanntes ausprobieren:

»Kind, mach es nicht!« Nach Berlin ziehen, dazu ohne feste Stelle? Um Himmels willen! Sie selbst hat nach meiner Geburt tatsächlich nichts Neues mehr »ausprobiert«, nicht zur Selbsterfüllung und nicht zum Wohl der Gemeinschaft.

Der Sinnspruch meiner Mutter war wohl, dass sich das Leben mit jeder Neuigkeit, jeder Veränderung, weiter zum Schlechteren wenden könnte. Selbst ab den freieren Siebzigern hat sie keinen Job gesucht, keine Workshops gemacht, keine Hobbys, nicht mal etwas Ehrenamtliches. Sechzig Jahre Hausfrau und sonst gar nichts ... Immerhin war sie noch mit 94 so gut im Ausfüllen von Formularen, dass die Behörden sich davor fürchten mussten. Um ganze 3 Euro hat sie sich an einem Beamten festgebissen.

Bis zu ihrem Tode habe ich gedacht, mein Leben sei viel sinnvoller als das meiner Mutter. Habe ich da nicht eigentlich gemeint, dass mir das Leben Spaß macht, und ihres ihr leider nicht? Die Existenz im Diesseits ist mir immer eine spannende Entdeckungsreise gewesen, inklusive Fehltritte. Und so sieht mein Leben auch nach Antoines Tod noch immer aus.

Was hätte ich erzählen sollen, bei einer Ansprache zum Tod meiner Mutter? Die Soziologin spielen, die ich mal geworden bin? Hätte ich dort betonen sollen, dass ihr Schicksal eine Generationssache sei? Es gibt viele Mütter, die, wie sie vor dem Zweiten Weltkrieg geboren, sich ähnlich durchgeschlagen haben, egal ob in den Niederlanden, in Deutschland oder wo auch immer: Das Leben als Aufgabe, nicht meckern, sondern ackern. Aber ich habe auch viele stärkere Persönlichkeiten aus derselben Generation kennengelernt, Frauen, die für sich klare Entscheidungen getroffen haben: »Ja, ich will!« oder »Nein, so nicht!«

Es gibt genug Frauen, die das Erwachsenenleben trotz gleichen Fehlstarts, unbefleckt oder nicht, in die eigene Hand genommen haben. Dabei haben solche Frauen oftmals wirklich Schlimmeres erleben müssen als meine Mutter. Wir in den Niederlanden haben immer in einem freiheitlich-demokratischen Rechtsstaat gelebt, einmal von den fünf Jahren unter deutscher Besatzung abgesehen. Man war mit staatlicher Rente sozial abgesichert. Und was konnte einem beim Erzählen unbequemer Familienwahrheiten aus dem Krieg – um bei dem Beispiel zu bleiben – schon passieren?

Die wenigsten Niederländer sind im Zweiten Weltkrieg Helden gewesen. Die meisten Landsleute haben weggeschaut oder gar mitgeholfen, als unsere jüdische Bevölkerung von der deutschen Besatzungsmacht abgeführt wurde. Aus keinem anderen westeuropäischen Staat sind im Verhältnis zur Gesamtbevölkerung so viele jüdische Mitbürger in die Konzentrationslager abtransportiert worden wie bei uns im Lande.

Meine Mutter war in ihrem Leben nie echten Gefahren ausgesetzt. Trotzdem hat sie die Welt als äußerst bedrohlich erlebt, wie trist. Würden die Nachbarn uns wirklich auslachen, wenn sie wüssten, dass wir geflickte Kleider tragen? Mir waren dieses Geflickte wie auch die Nachbarn egal.

Eher macht sich in solchen Umständen derjenige verletzlich, der sich unnötig für alles Mögliche schämt. Der wie meine Mutter meint, einiges verschweigen zu müssen. Und der letztendlich selbst an seine vielen Ausreden glaubt.

Als sie gestorben ist, habe ich ihre Mietswohnung geräumt. Erst da habe ich erfahren, wie sie Schichten aus Plastik um sich herum gebaut hat. Alles, wo Schmutz, also Leben hineinkriechen konnte, hatte sie verhüllt.

Wenn ich ein paar Mal im Jahr zu Besuch gekommen bin, wurde einiges offenbar ausgepackt. Deswegen habe ich das ganze Plastik um die eichenhölzernen Möbel, den Fernseher, um

Teile des Teppichs und das beste, also unbenutzte Geschirr nicht mitgekriegt. In den Schränken fand ich nagelneue Handtücher, Bettwäsche, Hütchen und Kostüme gar in mehrfache Schichten Plastik verpackt vor. Als ob die Dinge, wie sie selbst, auf bessere Zeiten gewartet hätten.

Über Verbote und Geduldetes

Unweit vom Eingangstor liegt, in einer alten Gräberreihe, Herbert Dunkel begraben. Er ist 1966 gestorben. Eines Tages steht auf der leeren Grabstelle gleich neben ihm ... ein blauer Volvo. Der Wagen sieht nicht so aus, als sei er schon reif für den Autofriedhof. Wird ein Teil des Friedhofs zum Parkplatz umgebaut? Auf der Seite des Wagens steht »Ev. Friedhofsverband Berlin«, mit der mir so bekannten Adresse des Verwaltungsbüros.

Nun steigen, direkt neben Herbert Dunkel, zwei Menschen aus. Nur noch zehn Schritte zum kleinen Büro hier vor Ort. Aber sind das nicht die beiden Verantwortlichen, die nur geschwiegen haben, als ich mit Falko dort in ihrem Verwaltungsbüro war?

Im Informationskasten hängt ein Zettel mit drei runden roten Verbotstäfelchen: für Grillen, Sonnenbaden und Fußballspielen. Und auf dem Tulpenschild beim Eingang sind noch drei weitere rote Verbotstafeln angebracht: für Hunde, für Fahrräder und für PKW.

Hunde sieht man hier allerdings genug. Man muss, sage ich als Holländerin, ja etwas erdulden können. Wenn ich mit Fahrradtaschen voller Pflanzen zum Grab muss, schleppe ich mein Rad auch mit. Und eine Firma soll auch mal mit Lieferwagen auf den Friedhof fahren können, zum Baumsägen oder zum Abtransport alter Grabsteine.

Aber einen PKW auf einer unbenutzten Grabstelle parken? Zum ersten Mal greife ich nach der Grabkarte, einem Büchlein voller Ordnungsvorschriften aus dem evangelischen Friedhofsgesetz, das ich bei Antoines Tod bekommen habe. Und lese:

»Jeder hat sich auf den Friedhöfen so zu verhalten, wie es ihrer Würde als Ort der Trauer, des Totengedenkens und der Besinnung entspricht.«

Was darf man hier auf dem Friedhof, was nicht oder nur gegen Bezahlung? Eine Frau, die ich beim Gießkannenfüllen treffe, zeigt auf die kleinen weißen Kieselchen, mit denen sie das Grab ihres Geliebten umgeben hat. Es sieht niedlich aus, nicht so massiv wie diese Marmoreinfriedungen. »Dafür habe ich vom Verwaltungsbüro die Rechnung präsentiert bekommen. Ich soll mir eine Genehmigung holen und Gebühren bezahlen.«

Für diesen Steinchenkreis? Da habe ich Glück gehabt mit den Tonscherben, die ich um unser Doppelgrab herum in die Erde gesteckt habe. Zwar locker, nur so hier und da eine, damit ich meinen Garten übersehen kann und hoffentlich keine Menschen auf die eingesetzten Pflanzen und winzigen Sämlinge treten. Das ist sicherlich keine systematische Umzäunung. Aber ihr Kreis aus Kieselchen schon?

»Nun plane ich eigentlich«, fährt sie fort, »hier mal eine kleine Gedenkfeier zu organisieren. Was meinen Sie: Alles, was man hier macht, kostet Geld, oder? Ich habe im Gartencenter einen schönen Kerzenständer gesehen. Der war allerdings ziemlich hoch. Ob mir die Friedhofsverwaltung den gestatten wird? Ich habe mich nicht getraut.«

Tatsächlich gibt es auch dafür Regeln, habe ich gelesen. Aber ich habe wirklich nicht im Kopf, was die maximal erlaubte Höhe für einen Kerzenständer ist. Wenn man alle Vorschriften studieren würde – und wer macht das schon –, käme man leicht auf die Idee, dass hier nur dasjenige erlaubt ist, was nicht ausdrücklich verboten ist.

Aber in der Praxis wird die Suppe nicht so heiß gegessen, wie sie gekocht wird. Es wird tatsächlich so einiges geduldet.

Allein schon die Hunde, oder auch die »Trauerfloristik« aus Plastik, die laut Friedhofsgesetz nicht verwendet werden darf, aber wirklich überall herumliegt.

Über die Anpflanzung lese ich in Antoines Grabkarte unter anderem, dass es hier verboten ist, chemische Schädlingsbekämpfungsmittel zu verwenden, wie auch, die Grabstelle mit Schläuchen zu bewässern. Nichts dagegen finde ich über die Anpflanzung von Schwarzwurzeln.

»Ich wollte sie als Zierpflanzen zwischen die Erika stellen«, erzählt mir ein älterer Herr, der mir die Wurzeln zeigt, als wir uns beim Gießen über unsere Pflanzen austauschen. »Aber die Verwaltung hat's mir verboten.«

Wie entdeckt man überhaupt Schwarzwurzeln auf einem Grab? Wie auch immer, dieses Verbot stamme noch aus den ersten Nachkriegsjahren, weiß der Mann. »Damals hat man überall auf den Friedhöfen Essbares angepflanzt. Wer keinen Garten hatte, ging auf den Friedhof.«

Seitdem sind zum Beispiel auch Obstbäume leider nicht mehr gestattet, sagt er. Echt nicht? Auch darüber finde ich kein Wort. Hieß ein Friedhof früher nicht Totenacker? Da ist ursprünglich bestimmt allerhand Nützliches angebaut worden. Und vermutlich war das auch noch der Fall, als das Land – hier bei uns ohnehin voller Obstgärtnereien – allmählich als letzte Ruhestätte in Gebrauch genommen wurde.

Der Puritanismus in Sachen Nutzpflanzen ist übrigens kein Gesetz der Meder und Perser. Einen Imker gibt's hier auf dem Friedhof schließlich auch, und nicht für Zierhonig. Selbst ich habe Rosmarin auf dem Grab gepflanzt, weil das so schön riecht – und bin froh, dass es zudem das Böse fernhält. Ich plane ja noch Salbei und Frühlingszwiebeln … als Zierpflanzen, versteht sich.

Und es ist nicht meine Schuld, dass sich plötzlich eine Tomatenpflanze auf meiner Seite unseres Doppelgrabs eingenistet hat. Freunde haben mich überraschen wollen. Offenbar möchten sie mich ermutigen, trotz allem mit meinem Buch über Tomaten weiterzumachen. Für das Buch habe ich bereits jahrelang quer durch Europa recherchiert. Aber wenn ich mir die geschenkte Pflanze anschaue, denke ich, wird aus meinem Buch wirklich noch etwas werden? Denn die Tomate will nicht wachsen: zu wenig Sonnenstunden.

Also, bei Antoine und mir keine Schrebergräber. Aber in Bayern hat die Tomate als Grabschmuck bundesweite Schlagzeilen ausgelöst. Eine Frau hegte und pflegte, in Erinnerung an ihre tomatenzüchtenden Großeltern, Tomatensträucher auf deren Grabstätte. Und sie ist wahrlich als Siegerin aus den langen Debatten hervorgegangen. Der betreffende Stadtrat hat beschlossen, Gemüse- und Obstpflanzen auf Gräbern in der Friedhofssatzung nicht zu verbieten, solange sie »dem würdevollen Erscheinungsbild eines Friedhofs« gerecht werden.

Recht spannend finde ich dabei die weniger prinzipielle als pragmatische Argumentation aus Bayern, die mir fast niederländisch anmutet. Im Grunde ginge es darum, dass das, was man auf einem Grab pflanzt, auch auf dem Grab bleibt und nicht auf andere Gräber übergreift.

Ich versuche die Logik der Friedhofsregeln in Zeiten von gewünschter Nachhaltigkeit zu kapieren. Bienenzucht ja, Knollenzucht nein? Obstbäume nein, Kapuzinerkresse und so viele andere schöne, zugleich essbare Blüten ja?

Cannabis habe ich bei uns hier noch nicht wachsen sehen – auf anderen, größeren Friedhöfen aber schon – und nicht nur drei Pflänzchen.

Grillen darf man hier, wie gesagt, nicht. Klingt logisch, ein Friedhof ist kein Ausflugsort. Aber was, wenn die Trauernden mal einen Sekttoast auf den Verstorbenen ausbringen möchten? Habe ich schon mal gemacht, mit Freunden. Und wenn es dabei Leckeres zum Naschen gibt? Wo liegt da die Grenze zum Grillen? Nichts vor Ort zubereiten, oder nur kalte Speisen?

In einigen Kulturen gehört ein gemeinsam bereitetes Mahl am Grab zum Bestattungsritual. Auch in unserer westlichen Kultur war das bis zum Ende des Mittelalters nicht unüblich. Und da es diese »anderen« Kulturen in Amsterdam heute zuhauf gibt – freilich genauso wie in Berlin –, darf dort auf einigen Friedhöfen gegrillt werden. Unter Auflagen: für die üblichen Amsterdamer und Touristen sind keine Grillpartys erlaubt.

Es gibt eine Frau, die hier mit ihren exotischen Perserkatzen Gassi geht. Die Reste Katzenfutter, die sie herumliegen lässt, werden nachher der Fuchsfamilie zum Wohl gereichen. Der Gärtner zeigt sich über das Ganze nicht erfreut. Aber er lässt sich nicht zu einem Urteil herausfordern. »Es ist hier im Kiez mit den Menschen, ick sag mal, gemischt.« Er grinst, wohl wissend, dass ich sein Understatement schätze.

Er erzählt mir, dass sich einige Menschen bei ihm über meine »Wildnis« beschwert hätten. Weil die Samen meines Grabgartens sich ungehemmt aussäen würden bis auf ihre Gräber mit wohl bewusst fast nix darauf. Ha, das erinnert mich an die bayerische Diskussion über die mögliche unerwünschte Verbreitung der Tomatenpflanzen.

Schon vorher hat mir eine Passantin meinen Garten als »Querbeet« umschrieben. Dabei ist mir nicht klar geworden, ob sie das abwertend oder positiv meinte. Es ist mittlerweile frühsommerlich geworden, sonnig und trocken, und wie alles wächst! So eine Freude, der allererste Garten meines Lebens. Genau so, wie es sich die Grünen im Kiezbüro gegenüber, das mittlerweile leider aufgegeben worden ist, gewünscht hatten, als sie mir ihre Samentütchen geschenkt haben.

Ein Problem gibt es tatsächlich. Die Pflanzen auf unserem Doppelgrab wachsen alle in eine einzige Richtung. Sie sehnen sich nach der Sonne, die es am Nachmittag nur noch auf Antoines linker Seite einigermaßen schafft, das volle Blätterdach der Bäume zu durchdringen. Der Rosmarin und die Malven neigen sich schon, hungernd nach Licht, bis über die Grabgrenze hinaus.

Ich dränge sie mit Gewalt zurück, indem ich sie an Bambusstangen befestige und ein niedriges Seil um die westliche Seite des Grabes, also die in der Nachmittagssonne, herum spanne. Wer weiß, womöglich droht mir sonst eine Strafe. Aber wie blöd das nun ausschaut, die Pflanzen von einem Seil stranguliert.

Eine Frau war mal einen Monat verreist, und als sie zurückkam, hat sie erzählt, lag da dieser Brief ... Die Rose war zwischenzeitlich ein paar Zentimeter über das Grab ihrer Mutter hinausgewachsen.

Heute hat unser Gärtner den ganzen Tag die Wiese gemäht. Es ist eigentlich schon längst Feierabend für ihn, als ich ihn treffe, in gelber Latzhose und lila T-Shirt. Er strahlt mir entgegen, sich den Schweiß aus dem Gesicht wischend: endlich erledigt, dieses Stück Arbeit.

Er kümmert sich sehr um seine Wiese. Vor ein paar Monaten hatte er sich – diesmal im schwarzen Traueranzug, weißem Hemd – von einer anstehenden Beerdigung kurz aus der wartenden Gesellschaft gelöst, um auf mich zuzurennen. Ich war just dabei, »mein« Bänkchen, wie öfter mal, näher zu Antoine zu schieben. Und genau auf dieser Strecke hatte er gerade neues Gras gesät.

Ich sage ihm angesichts seines frisch gemähten Grases, dass ich das hohe Gras eigentlich romantischer finde, und die Insekten sähen das bestimmt ebenfalls so. Er schüttelt den Kopf, seufzt. Ich höre ihn schon denken, immer wieder diese Holländerin, die eine geschützte Grünanlage mit Chaos verwirrt... »Hör bloß auf«, sagt er mit einer Wegwerfgebärde und belehrt mich, dass man die Natur nicht einfach sich selbst überlassen kann. Sonst würde daraus bald ein Dschungel werden. »Aber vor allem mähe ich die Wiese auch«, fährt er fort, »damit die Menschen nicht meinen, dies sei eine Liegewiese. Heute Morgen noch musste ich eine Frau ansprechen, als sie hier textilfrei in der Sonne badete.«

Wenn ich meine Zeilen über Verbotenes auf dem Friedhof noch einmal überlese, komme ich mir vor wie die sprichwörtliche »lockere Holländerin«, die die ebenso sprichwörtlichen »regelsüchtigen Deutschen« kritisiert. Dabei stelle ich mir nur viele Fragen und suche nach Antworten. Wieso es sie in Berlin, in Deutschland, so überaus zahlreich gibt: diese Vorschriften, deren Logik und Wert für den heutigen Alltag ich nicht immer nachvollziehen kann.

Das ist wohl typisch Niederländisch: mit dem »Wert für den Alltag« zu argumentieren statt die offensichtlich zugrundeliegenden, höheren Werte in Betracht zu ziehen, die hier bestimmt mitschwingen.

Man sollte sich beim Hang, etwas über den »Volkscharakter« auszusagen, sehr zurückhalten. Sowohl die Deutschen als auch die Niederländer sind ein über viele Jahrhunderte gewachsenes Mischvolk. Und es gibt viele ethnische Überlappungen zwischen ihnen. Da passen keine Klischees.

Die »lockeren Niederländer« sind ein solches Klischee. Meine deutschen Freunde haben zu lange gemeint, »wir« seien ein tolerantes Völkchen an der Nordsee. Und wir hätten unsere Wasserprobleme doch nur in der Zusammenarbeit von Gleichberechtigten lösen können.

Letzteres stimmt schon: Man hat einander gebraucht. Im Selbstbild vieler Niederländer ist eben dieses »Polderen«, die flexible, lösungsbedingte Zusammenarbeit, »unsere« Kraft. Aber da fehlt unbedingt etwas: die Regie. Sagen, wo es langgehen soll mit der Gesellschaft. Aber Visionen, ethische Richtlinien: Nee, bitte, das soll jeder mit sich ausmachen. Wir Niederländer lassen uns nichts von oben sagen. Alles, was nicht ausdrücklich verboten ist, ist erlaubt.

So haben sich die Niederlande weltweit den Ruf vom vierten Steuerparadies weltweit für ausländische Konzerne ergattert – nach ein paar tropischen Inseln, und noch vor Luxemburg und der Schweiz. Ja, Ergattern, Grabbeln: in dem Bereich sind wir recht gut. Um die Firmen nach Holland zu locken, balancieren die schlauesten niederländischen Anwälte mit ihrem hochdotierten Rat ständig auf den Grenzen des juristisch Erlaubten. Um das, was moralisch erlaubt wäre, kümmern sich die Wenigsten.

Die holländischen Bürger sind seit Jahrhunderten die besten Anwälte für ihr Eigeninteresse. Bei uns hatten spätestens seit dem 17. Jahrhundert die Städte das Sagen, also die (reicheren) Bürger. Die Autorität des Adels und die des Königs waren weniger anerkannt. Die Entscheidungsstrukturen in den Niederlanden sind seit eh und je wesentlich flacher, also horizontaler, als die in Deutschland.

Viele dürfen im Polderland bei Vielem mitreden – und wie gern sie das tun, aus dem Bauch heraus. Der Mangel an Autoritätsempfinden hat sich mittlerweile über alle Schichten, alle Klassen ausgebreitet. Man kann das jeden Abend in niederländischen Fernsehtalkshows anschauen, die anders als in Deutschland nicht unbedingt Runden von Sachverständigen sind. Ganz im Gegenteil, und alle Meinungen sind gleichwertig. Fakten und Wissenschaft »seien auch nur Meinungen«, nicht wahr?

Und da liegt der Hase im Pfeffer. Du darfst alles sagen und alles tun, wenn du mir bloß meine Ruhe und meine Eigeninteressen lässt. Dies hat wesentlich weniger mit prinzipieller Toleranz als mit pragmatischer Gleichgültigkeit zu tun.

»Wir« schauen gerne weg, machen unser eigenes Ding – wie wir das auch im Krieg unter deutscher Besatzung gemacht haben. Europa? Daran verdienen wir, die Handelsnation, von allen EU-Staaten am meisten: Niederlande Exportland.

Aber im Gegensatz zur Bundesrepublik fehlt uns, Pragmatikern, weitgehend das Bewusstsein, dass Europa historisch und menschenrechtlich betrachtet etwas Wertvolles ist. Niederländer haben ein wenig entwickeltes historisches Bewusstsein und ein noch weniger entwickeltes Schuldgefühl. Bei der Verarbeitung zum Beispiel unserer Kolonialgeschichte sind wir nicht viel weiter gekommen, als Multatuli schon 1860 war. Wir sind ein Volk kalkulierender Bürger, kluger Kaufleute und ewiger Opportunisten.

Na ja, das Wort »Volk« ist hier eigentlich fehl am Platze. Wir sind lediglich eine Sammlung selbstzufriedener Individuen. »Volk« würde, zudem, irgendwelches Nationalinteresse implizieren. Aber Nationalismus, so wie das zum Beispiel heute in Polen und Ungarn von höherer Stelle verbreitet und gar gefordert wird, ist den Niederländern seit jeher ziemlich fremd (von »Oranje«, der Fußballnationalmannschaft, einmal abgesehen). Auf Kiezebene schaffen wir es gerade noch, sozial zu sein. Aber von Staat und Kirche lassen wir uns nur sehr wenig sagen.

Das positive Holländerbild der Deutschen hat mir indessen nur Vorteile beschert. Wo auch immer ich hingekommen bin, ob im Westen, ob im Osten Deutschlands, bin ich als die Personifizierung der Toleranz an sich umarmt worden. Dies hat mich ermutigt, bisweilen heftige Kritik an der deutschen Gesellschaft zu üben. Sie ist meist mit fast masochistischer Freude angenommen worden, meine Kritik an den Hierarchien in plumpen, langsamen Organisationen, an den Formalitäten, die hier sogar zwischen Kollegen gelten, und an der tödlich humorlosen, politisch korrekten Moral, die selbst in der Kunst vorherrscht.

Eine Berliner Freundin hat mich die Exponentin »des linksliberalen, offenen, freiheitlich gesonnenen und tiefenentspannten Nachbarvolks« genannt. Aber der ironische Zweifel schwingt in ihren Worten schon mit. Wie kann es dann sein, dass wir seit ewigen Zeiten neoliberale Regierungen haben, für die Angela Merkels europäische Flüchtlingspolitik schon zu tolerant ist?

Ich gestehe, erst in Deutschland habe ich mich als diese lockere, linksliberale, offene usw. Frau wahrgenommen. Möglicherweise bin ich in Berlin niederländischer als die Niederländer daheim geworden. Ähnlich wie meine kurz nach Kriegsende nach Kanada und Australien ausgewanderten Landsleute: Seit einem Dreivierteljahrhundert halten sie alle alten Klischees, von *stroopwafels* bis zu Trachtenkleidern, am Leben, während wir in Holland, ebenso wie wir in Deutschland, längst Sushi essen und Hoodies tragen.

Sommer

Männertreu blüht auf Antoines Grab, das sehe ich gerne. Noch viel mehr blüht, wie lila Malven und dito Campanula. Letztere wachsen in einem Büschel bei Antoines Kopf, so als hätte er einen sich kringelnden Strauß aus lila Haaren.

Ein peinlicher Irrtum

An einem frühen Sommertag mache ich einen peinlichen Fehler. Ich sehe, und vor allem höre ich, zwei ältere »Rocker«-Typen, eine Frau und einen Mann, dazu noch einen Hund. Auf dem Bänkchen bei der naheliegenden Gilsenbach-Grabstätte machen sie es sich gemütlich, Bierchen, lautes Gelächter. Sicherlich zwei Berliner von weit weg, die hier, im Schatten der Bäume, den geeigneten Ort zum Chillen gefunden haben. Passiert ja öfter.

Die Tatsache, dass die beiden in Bälde angenehme Bekannte werden sollen, sagt mehr über ihre Toleranz aus als über

meine. Denn der Wind trägt ihr Gespräch und vor allem ihr Gelächter verstärkt in meine Richtung. Und wie das so ist, wenn man sich einmal ärgert, schaukelt sich der Unmut immer mehr auf. Also gehe ich auf die beiden zu: Hallo liebe Leute, das hier ist ein Friedhof, ein Ort zum Trauern, könnt ihr bitte ...

Die Frau guckt mich unbewegt an und antwortet: »Ja, ist mir schon bekannt. Mein Sohn liegt hier. Und meine Mutter liegt hier auch.« Da stehe ich nun, schlagartig sprachlos, und murmele eine Entschuldigung. Gabi Gilsenbach und ihr Kumpel Steini – aber ihre Namen kenne ich in dem Augenblick noch nicht – reagieren nicht mal verärgert; »Ja ja«, »Is schon jut.«

Ich kehre zu Antoine zurück. Die beiden bemühen sich nun wirklich, etwas leiser zu sein. Als sie aufbrechen, gehe ich nochmals auf sie zu und sage abermals sorry. Dass ich es nicht böse gemeint habe. Und dass ich wohl überempfindlich für Lärm und lautes Gelächter geworden bin, weil mein Mann hier seit dem Herbst liegt. Eigentlich finde ich es schön, hier auf Menschen etwa meines Alters zu treffen, die ihre Verstorbenen feiern, wie auch immer. Nette Blicke voller Einverständnis. Und das beiderseitige Versprechen, hier das nächste Mal gemeinsam ein Bierchen zu trinken.

Der Totenkopf

Ein verheerender Hagelsturm mitten im Sommer: Eine Stunde danach finde ich noch eine dicke Eisschicht auf meinen Balkonpflanzen vor. Zögernd radele ich zum Friedhof; zögernd wegen der eisigen Straßen, aber noch mehr aus Angst vor dem, was ich dort antreffen werde.

Der Sturm und die heftigen Niederschläge haben tatsächlich eine Spur der Verwüstung auf den Gräbern hinterlassen. Nicht nur mein junger Grabgarten bietet einen zerschundenen Anblick. Die Hagelkörner haben überall auf dem Friedhof größere Blätter durchschlagen, und alles kleine Grün liegt platt. Wenigstens ist Antoines Grab, obwohl die Erde noch wenig gefestigt ist, nicht abgerutscht. Das Blätterdach der Bäume hat wohl einen Teil der Gewalt abgefangen.

Wilhelm ist kurz nach Antoine gestorben. Ich spaziere zu seinem Grab, das auf einem offeneren Teil des Friedhofs liegt. Dort schaue ich in eine unheimlich gähnende Leere. Wo vorher das Grab war, sehe ich in ein Loch. Die Erde ist vollständig abgesackt. Der Sarg ist aber noch verborgen geblieben.

Aus der Tiefe habe ich gerade, auf dem Bauch liegend, das Namensschild geborgen und wieder hingestellt, als Wilhelms junge Witwe eintrifft.

Wir kennen uns schon. Sie wusste von nichts, so örtlich begrenzt war der Hagelsturm. Ihr Leben war schon genug aus den Fugen geraten, aber bei diesem neuen Schrecken ist sie nun zufällig nicht allein.

»Meinst du, dass der Sarg auch zerstört ist?«, fragt sie ängstlich. Bestimmt nicht, antworte ich, nur eine Menge Erde und

Sand sind verschoben. Ich will sie beruhigen; in Wirklichkeit habe ich keine Ahnung.

Dann erzählt sie, dass sie kürzlich auf einen menschlichen Schädel gestoßen ist. »Ich habe die Pflanzen etwas tiefer eingraben wollen, und dann kam der Totenkopf zum Vorschein. Wirklich so einer mit leeren Augenhöhlen. Und dann habe ich noch mehr Knochen gefunden. Ich habe gedacht, vielleicht ist hier jemand illegal begraben worden, und überlegt, ob ich zur Polizei gehen soll.«

Der Schädel könnte zu einem der vielen Toten am Kriegsende gehören, merke ich an. Menschen, die man hier schnell und massenhaft hatte beerdigen müssen. Aber naheliegender ist, dass er zu einem in der DDR Verstorbenen gehört. Wieso illegal? Womöglich sind die irdischen Überreste, also was noch an Knochen übrig war, einfach auf ewig auf dem Friedhof geblieben.

Komisch, denke ich, nun habe ich zum zweiten Mal in zehn Minuten eigentlich keine Ahnung, in diesem Fall davon, was bei einer Grabräumung passiert. Sollte ich mal nachfragen. Dennoch quassele ich »ein Ende weg«, wie wir in Holland sagen, also ich rede drauflos, was vermutlich eine typisch holländische Angewohnheit ist. Würde ein durchschnittlicher Deutscher nicht schneller mal »Ich weiß nicht« antworten? Hmm … aus Erfahrung habe ich da doch meine Zweifel, zumindest was Berliner angeht.

»Na ja, zur Polizei bin ich schließlich nicht«, fährt Wilhelms Witwe fort. »Ich habe den Totenkopf wieder begraben, allerdings ein Stück weiter.«

Sie kommt mit zu Antoine und schaut auf sein nagelneues Grabmal. Nicht mal dieser Findling, 44,5 Kilo schwer, ist in die Tiefe gerutscht. Der Felsbrocken stammt aus der niederländischen Provinz Drenthe, wo auch die berühmten Hünengräber aus der Steinzeit liegen. Wer weiß, vielleicht ist der Findling so alt wie jene berühmten Steine. Freunde haben ihn gefunden und die Last liebevoll hierher geschleppt.

Ich kenne das Gewicht und noch viele weitere Details in dem für mich bis dahin unbekannten technisch-deutschen Fachjargon, weil alles in ein Formular eingetragen werden musste. Denn kaum lag der Stein da, bekam ich einen Brief aus dem Verwaltungsbüro über die illegale Platzierung eines Grabmals, zusammen mit dem Formular.

Das auszufüllen hat mir Kopfzerbrechen bereitet. Alles war bis auf den Millimeter genau zu beantworten, auch zum Messingschildchen auf dem Findling und wo genau es angebracht worden ist. Irgendwie habe ich mithilfe von Wörterbuch, Lineal und Google alle Hürden bewältigen können, vermutlich weil ich zugleich das geforderte Geld überwiesen habe. Wissen Deutsche eigentlich, was mit der gefragten »Stärke« gemeint ist? Ich habe zwischen »Länge« und »Dicke« gezögert und bestimmt falsch ausgefüllt.

Die Sache mit dem Schädel fesselt mich weiterhin. Ich habe tatsächlich auch einmal Knochenstücke in der Graberde gefunden. Nun war Biologie nicht gerade mein Lieblingsfach, und ich konnte unmöglich sagen, ob sie von einem Menschen stammten. Wenn ja, wär es mir auch egal gewesen. Wohin, wenn nicht hierher, gehört das Gebein?

Die seltenen Male, dass hier ein frisches Grab ausgehoben worden ist, mit Metallplanken abgedeckt noch auf einen Toten wartend, schaue ich mit einem schier satanischen Vergnügen an der Abdeckung entlang.

Die obere Hälfte des Lochs, schätzungsweise bis in anderthalb Meter Tiefe, wird mit Metallplatten vor Einsturz geschützt. In der unteren Hälfte, dort in der Tiefe, wo der Sarg hinkommt, kann man mitunter richtige Erdschichten unterscheiden. Da schaut auch mal ein Knochen raus. Einmal konnte ich die steinernen Fundamente einer Gruft erkennen. Auf diesem Keller hat vielleicht vor hundert Jahren mal ein Grabhäuschen gestanden.

Das ist Recycling des Friedhofsbodens in Perfektion. In diesen Zeiten der ständig proklamierten Nachhaltigkeit kann man auf bestimmten Todesäckern gar die Patenschaft für ein schönes altes Grab übernehmen, um sich selber dort später buchstäblich »beisetzen« zu lassen – bevorzugt in der Grabstätte eines berühmten Berliners.

Gequälte Seelen

»Ja, ein Viertelstündchen hätte ich schon«, sage ich. Gabi Gilsen-bach schenkt mir ein Bierchen. Es ist einige Wochen nach unse-rem etwas unglücklich verlaufenen Kennenlernen. Stunden spä-ter sitzen wir immer noch beisammen, auf dem Bänkchen bei ihrem Familiengrab, mit Aussicht auf das Grab meines Antoine.

In diesen hochsommerlichen Stündchen wird mir wieder be-wusst, was ich eigentlich schon wusste aus der Zeit um Antoines Tod, oder eigentlich auch vorher schon, seit dem Tod des Klein-kinds meiner guten Freunde: Das Lachen gehört zum Trauern dazu, ist sogar recht wesentlich. Ohne Lachen und Scherzen, Saufen und Rauchen wird das Leid bisweilen unerträglich. Und bitte auch etwas zum Knabbern dazu.

Gabi und ich besorgen uns noch von alledem. Und zum ers-ten Mal ist mir auf dem Friedhof irgendwie recht gemütlich zumute, quasi wie zu Hause. Dann traue ich mich, ihr meine drängende Frage zu stellen: Der Himmel hat zwei Engel mehr?

»Ja, dieses Holzdenkmal hat er gemacht«, sagt sie. »Er woll-te unbedingt neben Stefan liegen. Er hatte diese Stelle für sich reserviert, also sein eigenes Grab.«

»Er«: der Thomas Engels? Das stand ja auf dem Schildchen, das halb unter der Erde liegt.

»Ja, er, also Tommy, war in Stefan verliebt, vermuten wir wenigstens. Stefan war offenbar auf das Dach seines Hauses geflüchtet, er hat hier gegenüber in der Straße gelebt. Viel-leicht gab es dort auf dem Dach einen Streit zwischen den beiden. Wie auch immer, Stefan ist vom Dach gestürzt.« Das hatte in der Nacht des 17. Februar 2006 stattgefunden. »Die

Staatsanwaltschaft hat Stefan dreimal obduzieren lassen, dann, im März, durften wir ihn endlich begraben.« Die Staatsanwaltschaft hätte die Geschichte niemals endgültig aufklären können, fährt Gabi fort. Ein Mordverdacht ließ sich nicht bestätigen. »Vermutlich hat die Straßenbahn Stefan noch überfahren und mitgeschleift. Die Polizei fand ihn mitten auf der Fahrbahn. So weit von seinem Haus konnte er gar nicht gefallen sein. Wir werden es nie wissen.«

Der *Berliner Kurier* dagegen wusste es schon am 18. Februar: »Stefan (27) verblutete elend«. Ein »Todes-Raser« habe den »Techno-Musiker« auf dem Gewissen, schreibt die Zeitung, und denkt sich dazu eine Geschichte aus: »Er hätte Retter holen, ›Erste Hilfe‹ leisten können. Doch während sein Opfer im Sterben lag, brauste er einfach weiter.«

Das lese ich, wieder zu Hause, als ich auf Gabis Hinweise hin googele. (»Kannst selbst nachschauen.«) Und dazu: »Stefans Mutter Gabriele unter Schock: ›Mein armer Junge, er steckte doch voller Pläne.‹ Bekannte versuchen sie zu trösten. Stefan war der Enkel des verstorbenen Schriftstellers Reimar Gilsenbach, der sich in der DDR für Gewaltlosigkeit und Frieden eingesetzt hatte.«

Ihr berühmter Vater, sagt Gabi, »der Schriftsteller war, aber vor allem auch Naturschutzaktivist«, sei wohl der Grund für die mediale Aufmerksamkeit. Eine Woche später hat der *Kurier* die Verkehrsunfalltheorie dann verworfen. Ich finde auch diese Selbstkorrektur problemlos. Diesmal heißt es: »Der Techno-Musiker wurde [...] nicht überfahren. Er stürzte sich aus dem Fenster. Selbstmord.« Ein paar Zeilen weiter soll Stefan allerdings vom Dach gesprungen sein.

»Selbstmord? So ein Schwachsinn«, seufzt Gabi. »Stefan war nicht suizidal, er steckte doch voller Pläne. Das hatte ich der Zeitung ja selbst noch erzählt. Und Techno-Musiker war er auch nicht. Er war Grafiker und Webdesigner, auf Steinis Spuren, der mal sein Stiefvater war. Mein Sohn hatte gerade einen tollen Job in Köln bekommen und war dabei, mit seiner Freundin dorthin umzuziehen.«

Einige von Stefans Nächsten haben sich resoluter als seine Mutter über die Todesursache geäußert. Am 3. März, kurz vor seiner Beisetzung, schrieben sie auf einer Szene-Website:

»Liebe Freunde, Bekannte und Mittrauernde,
wie aus den Medien bekannt, verunglückte Stefan nicht, wie anfangs angenommen, bei einem Verkehrsunfall mit Fahrerflucht, sondern er wählte seinen letzten Schritt selbst. Habt vielen lieben Dank für Eure Anteilnahme.«

Für Gabi Gilsenbach könnte Tommy Engels, gefühlsmäßig, noch immer der Mörder ihres Sohnes sein. Und er liegt hier an dessen Seite. Gabis Schwager hat irgendwann den Teil der Glasscheibe mit Tommys Kopf, erzählt sie, also die Hälfte des Bildes mit den beiden Jungs, zerschlagen. Und der damalige Gärtner hat auf ihre Bitte hin die kaputte Bildhälfte dann mit einem Rest brauner Farbe überstrichen.

Gabi und ich sitzen in der Nachmittagssonne auf der bemoosten Bank, die, so erzählt sie, noch von Tommy dort hingestellt worden war. »Er hatte sie mit Stahl tief im Boden verankert.« Das war nicht gegen sie oder die Familie gerichtet, ganz im Gegenteil. »Damals, also vor zehn Jahren, wurde hier auch schon alles Mögliche vom Friedhof geklaut, das war Tommy bekannt.

Weißt du, ich konnte nach Stefans Tod nicht weinen. Die Trauer war zu groß. Aber als dann Pflanzen von seinem Grab geklaut waren, flossen bei mir die Tränen.« Trauer, zu groß zum

Weinen, und Tränen um nahezu nichts: und wie ich das kenne. Tränen sind bei Antoine und mir vor allem geflossen, wenn sich in einer sentimentalen Fernsehserie verloren gewähnte Verwandte nach vierzig Jahren in die Arme schlossen. Wir haben uns voreinander für solche Krokodilstränen geschämt...

Die Geschichte ist an diesem Punkt noch nicht zu Ende erzählt. Sie ist auch wohl kaum linear zu erzählen. Denn die Emotionen kommen und gehen. Da braucht man mal eine Lockerung des Gemüts, eine Atempause. Schöne Bilder und Pflanzen erweisen sich dabei als angenehme Ablenkung.

Gabi zeigt mir auf dem Smartphone einige Gemälde von Expartner Steini, der auch bei unserem ersten Treffen dabei war, mit Hund. Sie promotet, ehrenamtlich, in Wort und Bild eine kleine Berliner Galerie, an der auch André Steinhausen, Steini, beteiligt ist. Von einem seiner Gemälde blicken uns glänzende Hundeaugen an. Kürzlich ist Woyzeck gestorben, Steinis Hund. Er ist untröstlich, erzählt sie. Er kann den ehrenvollen, wichtigen Aufträgen aus Wien kaum nachkommen.

Gabi trägt ein Blumenkleid. Sie ist, im mittleren Alter, eine hübsche Flowerpower-Hippiefrau geblieben. Einer ihrer Arme ist volltätowiert. Als ihre Generationsgenossin komme ich mir plötzlich langweilig vor, in T-Shirt und Jeans und auf meinen schwedischen Holzschuhen.

Nein, nicht diese klischee-holländischen Holzschuhe, in denen empfindliche Stadtfüße wie meine gar nicht gehen können. Die schwedischen sind aus Leder, nur die Sohle ist aus Holz. Ich trage sie des staubigen, bisweilen schlammigen Bodens wegen, speziell in den grauen Ecken, wo Nachfahren jeden Grashalm bekämpfen.

Trotzdem komme ich fast immer mit schwarzen Füßen nach Hause. Ist das ein Grund dafür, dass viele im Kiez ihre Toten nicht hier beigesetzt haben möchten? Der Tod macht nun mal ein schmutziges Geschäft mit dem Boden.

Gabi liebt Blumen. Aber ihre Familiengrabstätte liegt nahezu im Dauerschatten der Büsche und Bäume. Trotzdem wird mal gegossen, und sie verrät mir das Versteck des Schlüssels ihrer Gießkanne, die an Tommys Bank verankert ist.

Ich bringe immer eine Gießkanne von zu Hause in der Fahrradtasche mit und finde manchmal noch eine zweite hinter dem Schuppen. Die vielen Gießkannen auf dem Friedhof kann ich nämlich nicht benutzen, weil sie an einigen Stellen alle zusammen angeschnallt sind.

Im Tod sind alle gleich. Aber jeder Tote wird hier mit seiner privaten Gießkanne bedient. Der Grund dafür mag klar sein, aber dieses »jeder für sich« kannte ich noch nicht, und es hat mich deprimiert. Gabis Geste macht da einiges gut.

Sie beneidet mich um die Sonnenstrahlen auf meinem Grabgarten, sagt sie. »Nix Fröhliches wächst hier bei mir. Ich habe sogar Plastikblumen hingestellt, die ich eigentlich verabscheue. Also, bei dir werden Blumen aus Brodowin blühen, sag ich dir.«

Brodowin? Gabi erzählt, wie ihr Vater Reimar Gilsenbach zu DDR-Zeiten das Ökodorf Brodowin bei Chorin gegründet hat. Dieses Ökodorf gibt's immer noch, und es ist nach der Wende mit seinen Bioprodukten, auf dem ziemlich verlassenen und verkümmerten, aber schönen Brandenburger Land, zu einer Erfolgsstory geworden.

Reimars vierte Frau, die Biologin und Musikerin Hannelore – und, wie ihre große Liebe Reimar, Umweltkritiker mit scharfer Feder – lebt noch immer dort im Ökodorf. Gabi besucht sie regelmäßig, erzählt sie, auch um den Brodowiner Boden von wucherndem Unkraut zu befreien. Sie verspricht mir Samen und Stecklinge von Pflanzen, die sie schon von dort nach ihrem Schrebergarten, nahezu angrenzend an die Gedenkstätte der Sozialisten auf dem Zentralfriedhof Friedrichsfelde, übersiedelt hat.

Bei einem frischen, kühlen Bierchen sinne ich ein wenig vor mich hin, während Gabi auf ein paar kleine schöne Wildblümchen starrt. Dann wendet sie den Kopf Richtung nahe Gräber – und seufzt tief.

Ich meine zu verstehen, wieso. Mir kommt es so vor, als sei es hier schon seit dem letzten Herbst symmetrischer geworden. Die alte Anpflanzung scheint einigermaßen gezähmt. Reihen rücken in unsere Richtung: klassische Gräber, aber vor allem neue, noch fast leere Quadrate für Urnen.

Wieso können, frage ich sie, nicht wenigstens die Urnen etwas freier auf der Wiese eingegraben werden? »Frei? Das mögen die Deutschen nicht. Na ja, nicht alle sind so.« Unser Gärtner hat mir tatsächlich mal geschworen, er zwinge die Urnen wirklich nicht alle in Reih und Glied. Meist vergeblich.

»Weißt du«, holt mich Gabi aus dem Sinnieren, »dass hier kürzlich eine Frau vorbeigekommen ist, die sich, notgedrungen, in so einer Grabblumenvase mit StielWasser geholt hat, und zwar immer wieder, um es auf eurem Grab auszugießen?« Diese Geste war eine Ode an die Natur, also an die »Wildnis«, schließen wir.

»Das Allerschlimmste«, fährt Gabi fort, »sind doch wohl diese Eisblumen auf den Gräbern, alle im gleichen Abstand angeordnet wie auf einem preußischen Militärfriedhof. Aber die werden wenigstens nicht geklaut.« Wir lachen laut, so laut, wie ich es bei unserem ersten Treffen noch verurteilt hatte.

Unser Gelächter hallt von den umliegenden Häuserwänden wider. Noch vor etwa zehn Jahren hatten die frisch renovierten Häuser voller Leben einen großen Kontrast zu dem ausgestorbenen, romantisch verwilderten Friedhof gebildet. Daran erinnere ich mich gut, weil Antoine und ich, damals schon viele

Jahre im Kiez sesshaft, zu der Zeit hier auf dem Friedhof zum ersten Mal rumspaziert sind.

»Der Friedhof ist jahrelang vernachlässigt worden«, erzählt Gabi. »Das Unkraut stand damals meterhoch. Da wurde kaum noch jemand begraben.« Aha, deswegen haben Antoine und ich den Friedhof zuerst gar nicht als Friedhof erkannt. Er sah wie ein verwilderter Park aus.

Gabi: »Es hatte diese Geschichte mit der Veruntreuung gegeben.« Veruntreuung? »Ja, der damalige Verwalter soll deswegen entlassen worden sein. Erst vor ein paar Jahren ging's dann langsam wieder mit Beerdigungen los.« Ich hatte im letzten Herbst den Eindruck, dass meine Frage, ob ich Antoine bitte hier auf dem trauten evangelischen Friedhof begraben dürfe, sehr willkommen geheißen wurde: endlich mal wieder einer. Seine oder unsere Religion ist nicht nachgefragt worden.

Vielleicht spielte die Religionsfrage auch keine Rolle, weil unser Friedhof vierzig Jahre lang in der Hauptstadt der DDR lag, wo Religion offiziell nicht sehr geschätzt wurde. Oder auch einfach deshalb nicht, weil es hier viel Raum für Grabstätten und wenig Einnahmen gibt.

Beim Aufbrechen erzähle ich Gabi noch lachend von dem Schnäppchen, das die Verwaltung mir zunächst vor die Nase gehalten hat, um das Angebot dann später beinhart abzuleugnen. Zweites Grab, halber Preis, ha ha, geht natürlich gar nicht, mit Grabstellen zu dealen, und ich habe für mein Grab den vollen Preis bezahlen müssen.

Gabi lacht nicht mit, schaut mich stattdessen erstaunt an: »Aber genauso war es bei uns! Zweites Grab, halber Preis, lautete das Angebot.« Das Lachen bleibt mir im Hals stecken. Aber sie hat, beiläufig, etwas Wichtigeres angedeutet. Wahrscheinlich werden wir hier irgendwann quasi Nachbarinnen sein: gar nicht schlecht.

Männer an einem heißen Donnerstag

In unserem Kiez gibt es viele emanzipierte Väter. Sie kommen auf den Friedhof, um lustlos eine Runde mit ihren Babys im Kinderwagen zu drehen. Oder auch zwei Runden, wenn das Kleinkind noch immer nicht mit Kreischen aufgehört hat.

Das Schreien geht mir irgendwann auf die Nerven, nicht aber den Vätern. Sie hören das Gejammer ihres Nachwuchses nämlich nicht. Sie sehen es, wenn sie mal wieder einen hilflosen Blick in den Wagen werfen. Denn beim Spazieren haben sie die Kopfhörer auf.

Sie konzentrieren sich auf ihre Smartphones, vielleicht wird da sogar ein bisschen gearbeitet. Jedenfalls amüsieren sie sich mit dem virtuellen Spielzeug sichtbar mehr als mit dem im Wagen, das òffenbar das Ergebnis eines dummen Missgeschicks ist.

Die jungen Väter sind dazu verurteilt, ihre einsamen Runden zu drehen. Sie sind zwar nicht alleine, es gibt das Baby und es gibt Twitterfreunde, und beide schreien nach ihrer Aufmerksamkeit. Was ihnen aber fehlt, ist die Anerkennung. Jeder kann einen Kinderwagen schieben. Die erwartete Belohnung für ihre Aufopferung ist ausgeblieben.

Die Väter sehen, wenn sie nah an unserem Grab vorbeikommen, enttäuscht und mutlos aus. Zumindest ist das meine Interpretation. Die jungen Männer verbergen ihre Miene hinter ihrem modernen Vollbart.

Da ist Jesus wieder. Stundenlang wird er auch diesmal über die mittige Kastanienallee hin und her gehen, nur mit einer knielangen Hose bekleidet und barfuß in Flipflops. Sein Gang hat etwas Getriebenes, Entschlossenes. Er ist auf den Friedhof gekommen, um eine Mission zu erfüllen.

Aber welche? Er füllt die Wasserbecken entlang der Allee. Die sind zwar schon voll, oder fast voll. Denn jeder, der hier neu ist, wird sofort von einer der Witwen ermahnt, darauf zu achten, dass die Becken bis zum Rande gefüllt bleiben. Damit die Vögel trinken können ohne hineinzufallen.

Ich halte das für ein wenig übertrieben. Sollen die Spatzen doch einen kleinen Sturzflug machen, und außerdem stehen auf vielen Gräbern Wasserkästchen. Für diese Jesusgestalt mit dem langen Bart ist es allerdings noch nicht übertrieben genug. Bis zum Rande soll das Wasser stehen. Also geht er die Allee hin und her und dreht bei allen Wasserbecken die Hähne auf. Da es eine Hitzewelle gibt, sinkt das Wasser pro Stunde ein paar Millimeter. Also muss er ständig die Becken nachfüllen.

Einmal gehe ich ihm hinterher. Mit Abstand schaue ich auf seine langen Haare, teilweise in einem Knäuel aufgebunden. Ich drehe die Hähne zu, wenn er sie aufgedreht lässt. Meint er, rechtzeitig an der Stelle zurück zu sein? Schon zum zweiten Mal beobachte ich, wie Wasser in einem Sturzbach die Kastanienallee entlang strömt, zum Tor und gar auf die Straße hinaus.

Jesus nimmt das nicht wahr. Mich nimmt er ebenso wenig wahr. Er schaut sich nicht um und nicht zu Boden, er schaut eher nach oben, ins Licht. Vielleicht auch sucht er nach den durstigen Vögeln, die er schon seit Stunden verjagt.

Auf dem Friedhof gibt es Schatten genug. Trotzdem herrscht hier, bei über dreißig Grad, Stille. So gegen zwölf wähne ich mich hier nicht zum ersten Mal angenehmerweise allein.

Aber da werde ich in der Ferne einer gartenzwergähnlichen Figur gewahr. Ich beobachte, wie das Männchen so hoch wie möglich aufspringt, um tote oder halb abgebrochene Baumäste zu ergreifen. Das nun freut mich, wenngleich er noch ungelenker vorgeht als ich im Frühling mit den Freunden. Als er einen Ast runtergebogen kriegt, sägt er ihn mit einer Kettensäge ab, was sehr gefährlich ausschaut.

Wer war das denn, frage ich den Gärtner später. »Ein Pfarrer in Ausbildung«, erklärt er mir grinsend. »Das ist ein schweres Studium: Theologie, trocken. Ein Pfarrer soll auch mal wieder Mensch werden. Ick hab ihm gesagt, komm eine Woche lang hier auf den Friedhof. Quasi als Praktikum. Er soll wissen, wie das hier funktioniert.«

Gequälte Seelen II

Es ist kühler und ein wenig windig, als ich Gabi Gilsenbach kurze Zeit später wiedersehe. Ihr Kleid ist unter einer Lederjacke versteckt, was sie wieder in die hübsche Rockerbraut von unserem ersten Treffen verwandelt.

Das Schicksal von Thomas Engels liegt mir auf der Seele, seit Gabi mir über seine Liebe zu ihrem Sohn wie auch über sein Grabmal erzählt hat. Auch über ihre eigene Familiengeschichte, über die ich mich mittlerweile ein wenig informiert habe, möchte ich Näheres von ihr erfahren.

»Also, Tommy hat nach Stefans Tod alles Weitere geplant«, erzählt Gabi. Er hat sie dann immer wieder besucht. »Ich war wie betäubt und habe das über mich ergehen lassen.« Obwohl Tommy im Jahr nach Stefans Tod, so Gabi, mehrmals in der »Klapsmühle« gewesen war, ging der Vierzigjährige bei den Plänen für sein eigenes Grab sehr bewusst und rational vor. Er hatte die Stelle auf Stefans freier Seite für sich reservieren lassen und das hölzerne Denkmal mit dem Bild der beiden, innig vereint, entworfen. Auch den Text hatte er schon angebracht: »Der Himmel hat zwei Engel mehr.«

Tommy ist zu dieser Zeit umgezogen, erzählt Gabi, nur eine Straße weiter. Dort im Haus hat er dann überall Gasflaschen aufgestellt, das habe sie später mitgekriegt. Als er die Flaschen explodieren ließ, war zum Glück, oder vielleicht auch so von ihm geplant, keiner der anderen Hausbewohner daheim.

Das war 2008, also etwa zwei Jahre nach dem Tod ihres Sohnes Stefan. Tommy hat seine Tat zunächst überlebt und ist dann doch an den Brandwunden krepiert. Sein Grab wartete schon auf ihn.

Gabi hatte mir das Gedicht Nachruhm des Vaters Reimar Gilsenbach gemailt. Der Anfang lautet: »Das Harte bricht, der Stolz zerschellt...« Das Gedicht zierte, auf laminiertem Papier, die Familiengrabstelle. Bis es im letzten Herbst... jawoll, verschwunden war. Ein Gedicht stehlen: Steckt darin nicht etwas Romantisches?

Reimar Gilsenbach liegt nicht selbst auf unserem Friedhof, also nicht bei Gabis Mutter Ursula und ihrem Sohn Stefan plus Tommy. Der Vater ruht in seinem Ökodorf Brodowin. »Weißt du«, sagt Gabi, »ein Findling, ähnlich wie der bei Antoine, ziert das Grab meines Vaters. Steini und ich haben Antoines Grab deswegen sofort gemocht. Aha, Holländer, haben wir zueinander gesagt, nachdem wir dich getroffen hatten. Die mögen es also auch nicht so schnurgerade.«

Bei den Gilsenbachs stoßen Gegenwart und Vergangenheit verletzlich aufeinander. Gabis Eltern, erzählt sie, haben sich getrennt, als sie sechs Jahre alt war. Sie war entwurzelt. Erst nach vielen Jahren – und einige weiteren Ehen väterlicherseits – hat sie den Kontakt zu ihm wiederherstellen können. »Als er dann 2001 einen Schlaganfall erlitt, war ich in der Familie die Einzige, die den Mut hatte, zu sagen: Schaltet all diese Geräte aus. Das war in seinem Sinne. Mein Vater möchte auf keinen Fall reanimiert werden.«

Reimar kam 1925 im Ruhrgebiet in einer Art utopischen Kommune zur Welt. »Und dort ist er schon Kommunist geworden. Er hat Glück gehabt, hat er mir erzählt. Er ist im Krieg zur Roten Armee übergelaufen, aber die Sowjets setzten auch antifaschistische Deutsche fest.« Und umso länger, wenn sie sich, wie Reimar Gilsenbach, zu anarchistisch benahmen. »Aber er bekam ›nur‹ fünf Jahre Kaukasus. Er machte sich dort im Lager als Problemlöser für alles Mögliche nützlich, vielleicht deswegen.«

In der DDR wurde Gilsenbach SED-Mitglied, Schriftsteller und Journalist. Allerdings wurde er auch zunehmend ein Problem für das Regime. Ein hartnäckiger Natur- und Umweltschützer und Verteidiger der Bürgerrechte nicht nur von Sinti und Roma, dazu prinzipieller Antimilitarist: Man hätte sich bequemer arrangieren können. Der Utopist und unermüdliche Aktivist ließ sich schlicht nicht mundtot machen. Im Notfall hat er seine Ansichten in Lieder verpackt und sie mit seiner Hannelore laut herumgesungen.

Seit den Sechzigern mit Robert Havemann und Wolf Biermann befreundet, gehörte Gilsenbach 1976 zu den Künstlern, die eine Protestresolution gegen Biermanns Ausbürgerung aus der DDR unterschrieben.

Und nicht nur das. Kurz zuvor war ihr Vater, erzählt Gabi, in der Chausseestraße 131 zu Besuch bei Biermann. Der Liedermacher fühlte sich bedroht und bat Gilsenbach, zwei Koffer mit Tagebüchern rauszuschleppen. »Die hat Vater dann in Brodowin unter dem Brennholzhaufen im Schuppen vergraben.«

Ein Staat, der seine Künstler bekämpft – viele, wie Biermann und Gilsenbach, bekennende Sozialisten – verliert den Boden unter den Füßen. Meinungsführer in West und Ost haben die Ausbürgerung Biermanns hinterher als der Anfang vom langsamen Untergang der DDR bewertet.

Ein paar Wochen nach den Friedhofsgesprächen mit Gabi erscheint Wolf Biermanns Autobiografie *Warte nicht auf bessre Zeiten!* Darin schreibt er, dass seine fünfzig Tagebücher nach dem Mauerfall, zu seinem Glück, unversehrt in Brodowin auf ihn warteten.

Biermann errichtet in seiner Autobiografie ein kleines Denkmal für Reimar Gilsenbach. Unter einem Bild seines Freundes, des »weißhaarige Zausels«, wie er ihn nennt, fasst der Liedermacher dessen Lebenslauf zusammen:

> »Todesmutiger Deserteur in der Wehrmacht. Nach dem Krieg widerstand er tapfer der Stasikrake. Tatkräftiger Freund der Sinti und Roma in der DDR. Meine Tagebücher hat er treu für mich versteckt bis Ende 1989.«

Der Liedermacher hat 1992 in Hamburg zunächst schlucken müssen, als er in seinen Stasiakten auf Reimar Gilsenbach stieß. Der war von der Staatsicherheit als IM verpflichtet worden. Der treue Freund, »politisch ein Schlemihl«, als Inoffizieller Mitarbeiter des MfS? Derselbe, der Biermann 1968 nach dem Einmarsch der Warschauer-Pakt-Truppen in Prag bei seinen Sinti-Bekannten versteckt hatte, weil der die »falschen« tschechischen Freunde hatte?

Wolf Biermann hat dann ein wenig nachgeforscht und herausbekommen, dass Gilsenbach um 1955 meinte, sich als IM hervortun zu müssen, um sich »elegant die Haie vom Halse zu halten«. Mit dem »einfältigen« Vorgehen, um anderen zu helfen, oder auch, so Biermann, in der Rolle des gespielten »Einfaltspinsels«, hat Gilsenbach sich allerdings gerade den jahrzehntelangen Ärger des Ministeriums aufgehalst.

Reimar und Hannelore Gilsenbach sind gnadenlos ausspioniert worden, sogar im eigenen Kreis. Außerdem hatten die beiden, wie nach dem Mauerfall ans Licht kam, die zweifelhafte Ehre, auf Erich Mielkes Geheimliste für überaktive Oppositionelle zu stehen, die bei gravierenden innenpolitischen Spannungen vorbeugend in noch einzurichtenden Isolierungslagern interniert werden sollten.

Wie hat Ursula Gilsenbach, Gabis Mutter, seit den Fünfzigern all diese heftigen Entwicklungen in ihrem Kreis erfahren, und wie hat sie darauf reagiert? Diese Frage stellt sich mir erst beim Lesen in Biermanns Buch. Gabi hatte kaum von der Mutter erzählt, und mir hatten die richtigen Fragen gefehlt. Biermann erwähnt Ursula nicht. Ich weiß nur, dass sie gleich alt wie Rie, meine Mutter, war – beide Jahrgang 1920. Ursula ist zweifellos eine der Frauen, deren Leben unvergleichbar schwerer gewesen ist als das von Rie. Während Biermanns Ruhm nach 1976 nur zugenommen hat, haben viele seiner Unterstützer ihren Mut mit beruflichen und privaten Nachteilen bezahlt oder gar mit Verlust der Heimat.

Reimar Gilsenbach hat dem MfS nur Nebensächliches erzählt und sich unbrauchbar gemacht. Anfang der Siebziger, so weiß Biermann aus seiner eigenen Akte, hat die Stasi entdeckt, dass sie befreundet waren. Seitdem wurde Gilsenbach als Feind operativ bearbeitet. Seine Bücher durften nicht gedruckt werden. Und seine Tochter Gabi durfte nicht studieren …

Die Zeit heilt durchaus nicht alle Wunden. Aber nun, da Gabi Gilsenbach mir ihre Geschichte erzählt hat, fühle ich mich zum ersten Mal seit Antoines Tod als die weniger gequälte Seele. Bei Gabi schrumpft meine Neigung zu Selbstmitleid.

Sie hat, anders als ich, ihre Emotionen flink »abgeschottet«, wie sie gesagt hat. Das ist nicht erst etwas von heute, von nach Stefans Tod. Die psychischen Wunden aus ihrer Jugend, die Trennung der Eltern und die Anfeindungen des Regimes gegen die Familie, hat sie mitgetragen. Dazu kam noch der Mauerfall, der in Gabis Berufsleben einiges durcheinanderbrachte, abwechselnd positiv und negativ.

Vieles ging, und viele gingen ihr auf die Nerven. Viele Jobs hat sie ausprobiert, und genauso viel Unruhe hat es gegeben:

Firmen gingen pleite oder sie ist von sich aus abgehauen, blieb jedoch mitunter auch für längere Zeit in einer Stelle, zum Beispiel als Arbeitsplanerin bei einer Baufirma.

Stefans Tod hat sie auf einen Schlag von alten Schmerzen und Wut befreit, hat sie erzählt, einschließlich der Wut auf sich selbst. So sei die Katastrophe wenigstens noch für irgendetwas gut gewesen.

Die Zeltler

Eine von zwei Freundinnen mit megagroßen Rucksäcken, die Feldflaschen daran baumelnd, kommt aus der Friedhofstoilette. Sie haben mein Bänkchen zum Klo verschleppt, damit die Tür nicht zufällt. Der Gärtner-Gehilfe hatte mir auf Nachfrage erklärt, dass das Zylinderschloss schon ewig kaputt ist. Tatsächlich hatten bereits bei Antoines Beerdigung die Gäste das Schloss kaum von innen öffnen können, wie sie mir später erzählten. Einer hatte Angst gehabt, deswegen die Zeremonie zu verpassen.

Dann ist die Klotür irgendwann abgesperrt worden. Und heute gibt's also die dritte Episode in Sachen Friedhofstoilette – oder ist es schon die vierte? Jürgen vom Fahrradladen gegenüber, der alles sieht und hört, hat mir von jungen Leuten erzählt, die über den roten Friedhofszaun klettern. Wie sie dort im öffentlichen Klo übernachten, »gar mit Hund«. Die Feuerwehr musste kürzlich anrücken, hat Jürgen gesehen, um ein paar solcher Leute zu befreien.

Zurückgeblieben ist ein riesiges Loch in der Tür, durch das sie offenbar herausgekrochen sind. Es ist mit einer Spanplatte abgedeckt und die Tür wieder auf ... Es geht voran. Nur ein heiles Schloss fehlt noch. Ich fantasiere, dass das durchaus seinen Sinn hat. So behält man wenigstens einen Blick darauf, was sich im Klo alles abspielt. »Das möchten Sie nicht wissen«, hatte der Gehilfe gesagt, »wie viel Leute sich hier auf dem Klo sozusagen frischmachen.«

Wie dieses junge Pärchen, das hier seit Wochen sein Lager aufgeschlagen hat. Nein, sie zelten nicht auf dem eigentlichen Friedhof. Auf der anderen Seite des Zauns haben sie ein

Plastikdach konstruiert, das sich bis zu einem alten, unbenutzten Friedhofsgebäude erstreckt. Auf dessen Treppe lüften sie ihre Kleider, und zudem haben sie dort ihren Proviant säuberlich abgestellt.

Wir grüßen uns schon seit einer Weile, dann muss man mal Bekanntschaft machen. »Tag auch!« Aha, Deutsche. »Wir finden Berlin klasse, und so billig«, erzählt der lange Karsten mit ernsthafter Miene. »Man darf hier so viel. Nicht mal verjagt hat man uns.«

Bei so viel Toleranz bin ich auch mal stolz auf meinen Friedhof und meine Stadt. Das Mädchen, klein und pfiffig, mit Ringlein durch Nase und Lippen, stellt sich als »Bagheera« vor. Wie? »Das ist der Panther ausm *Dschungelbuch*.« Nicht, dass sie anonym bleiben will. Aber sie identifiziert sich nun mal gern mit dem Raubtier, sagt sie, das sei ihr zur zweiten Natur geworden. »Unter freiem Himmel leben und so. Ich hab früher auch mal echt auf Friedhöfen gepennt.«

Voriges Jahr haben die beiden, gesteht Bagheera, sogar hier auf dem Friedhof geschlafen, »hinter einem Baum verborgen«. Ich gucke bestimmt verärgert, als ich ihr antworte, dass mein Mann da drüben begraben liegt. Viel Verständnis. »Oh, ist das blöd…«, von den entwaffnenden Worten gefolgt: »…aber wir haben immer unseren Müll weggeräumt.«

Als Bagheera sich zusätzlich über Jugendliche beschwert, die am Abend über den Zaun geklettert sind und ihr »Dreckszeug« liegen gelassen haben, muss ich wieder lachen. Sogar die alternativsten Deutschen beklagen sich noch über den Dreck der anderen! Über Jüngere wie sie selbst, aber auch, wie sie hinzufügt, über die grillenden Massen in den Volksparks, und was sie da nicht alles zurückließen.

Also muss ich wieder mal Vorurteile revidieren. Unsere Zeltler wachen schon mit ihrer Anwesenheit über den Friedhof, genau wie das auch Florian auf seiner Schlafbank macht. Denn da gab's noch die Sache mit dem Klo, erzählt Bagheera. Zum Glück seien sie vor Ort gewesen.

Die fünfte Fortsetzung der schier unendlichen Friedhofstoilettengeschichte steht ins Haus – oder ist es noch immer die vierte? »Also«, fährt sie fort, »manchmal ist das Klo auf, bei einer Beerdigung und so, und oft ist es zugesperrt. Einmal habe ich mich dort ein wenig erfrischt, dann ist der Riegel zugefallen und ich bin nicht mehr rausgekommen. Von außen hat es Karsten noch weniger geschafft. Dann habe ich lange und hart gegen die Tür getreten ...« Mit ihrem Stiefel macht sie es mir vor. »Endlich hat sich der Riegel wieder eingerenkt. Wir haben versucht, die Friedhofsverwaltung anzurufen. Aber da ist keiner rangegangen.«

Ach, wirklich nicht? »Also, am nächsten Tag war jemand anders im Klo eingesperrt, der es nicht geschafft hat, sich selbst zu befreien. Der war laut genug, aber wir haben es ebenso wenig geschafft, da haben wir die Feuerwehr angerufen. Der Chef hat die Verwaltung angerufen, wieder vergeblich, und dann ein großes rundes Loch ausgesägt.«

Und so weiter und kein Ende, oder vielleicht erst nach dem Sommer, wenn die meisten Touristen wieder weg sind. Bis dahin habe ich mir angewöhnt, mich in höchster Not an die Friedhofsmauer zu hocken. Erzwungener Anarchismus sozusagen. Was die dort oben im Häuserblock davon halten, ist mir völlig egal.

Nennen die beiden sich eigentlich obdachlos?, frage ich. »Ich schon«, antwortet Bagheera. »Ich bin eine Friesin, weißt du, immer unterwegs.« Karsten zuckt mit den Schultern. »Na ja, so halb, vorübergehend.« Die Entscheidung über Karstens Wohnung liegt beim Anwalt, erzählen sie. Bagheera: »Wir möchten auf keinen Fall etwa betreut wohnen. Gibt's das auch bei euch in den Niederlanden, betreut wohnen, so ohne Privatsphäre, zu viert oder fünft auf einem Zimmer?«

So wohnen bei uns viele Leiharbeiter, antworte ich. Und dass dies meist Ausländer seien, die in Holland in der Gemüse- und Fleischindustrie arbeiten. Sie würden allerdings nicht betreut und hätten kaum Rechte. Und dass dies in der Bundesrepublik nicht wesentlich anders geregelt, oder eher nicht geregelt, sei.

Derartige Umstände sind offenbar weit von der Welt der beiden entfernt. Sie haben ihre eigene Situation vor Augen. Karsten: »Hier verdient man 900 Euro und kann dann die Miete nicht mehr aufbringen, auch deswegen sind wir weg…«

Es entsteht ein nettes Gespräch über Freiräume. Die beiden sind intelligent, das höre ich aus ihren Formulierungen heraus. Wir reden über unsere Erfahrungen mit Freiräumen in Kopenhagen und Amsterdam, England und Deutschland, meinen aus früheren Zeiten und ihren von heute.

Da fällt mir plötzlich ein, wie ich in den Siebzigern mit einer billigen Interrail-Jugendfahrkarte quer durch Europa gereist und irgendwann in einem griechischen Bahnhof im Schlafsack aufgewacht bin. Erst als ich die Augen aufmachte, so erzähle ich den beiden, wurde mir bewusst, dass ich direkt vor dem Fahrkartenschalter lag. Aber alle in der Schlange Anstehenden waren, um mich nicht im Schlaf zu stören, in einem Bogen um mich herumgegangen.

Begeisterung bei Karsten und Bagheera. Manchmal können die Mitmenschen doch so nett sein. Sogar hier vor Ort ist das der Fall, gleich angrenzend an einen Berliner Friedhof, wo sie seit Wochen zelten können. Wir kommen zu dem Schluss, dass Freiräume speziell für junge Leute ungeheuer wichtig sind. Bevorzugt mit Klo.

Die Selbstmörder

Antoine ist von Selbstmördern umgeben. Das hätte ihm gefallen. Selbstmord als Phänomen hat ihn fasziniert. Dieses harte Wort (niederländisch: »zelfmoord«) verwendete er, seit sich eine Geliebte, lange bevor wir uns kannten, von einem Dach gestürzt hatte. Das sanftere Wort »zelfdoding« (»Selbsttötung«), das ohnehin ein ungelenkes Neo-Niederländisch ist, fand er zu harmlos für so viel grobe Gewalt. »Freitod« geht schon gar nicht in unserer Sprache, und »Suizid« klingt euphemistisch. Wie schmerzvoll seine Erfahrung auch war, Antoine hat immer das Recht eines Menschen verteidigt, sein Leben selbst zu beenden.

Zu Antoines Füßen liegt Tommy Engels. Auf seiner Kopfseite kommt, ein halbes Jahr nach seinem Tod, Pepe (Peter) Süveges hinzu, geboren 1969. Pepe war seit langem depressiv, hat mir Jürgen vom Fahrradladen erzählt, der mit dem Kiez-Uhrmacher befreundet war. Später wird Daniel Beil, geboren 1976, nur wenig weiter entfernt auf Antoines rechter Seite ruhen.

Drei Selbstmörder umgeben Antoine, von Stefan Gilsenbach abgesehen, dessen Todesursache umstritten ist. Und alle waren sie noch jung: wie sinnlos und tragisch, bei allem Respekt für ihre Entscheidung.

Früher durften Selbstmörder nicht in sogenannter »geweihter«, also »christlicher« Erde bestattet werden. Heute können sie alle drei, Tommy, Pepe und Daniel, auf einem christlichen Friedhof im Gebiet der ehemaligen DDR ruhen.

Antoine war dabei, ein Buch über Selbstmord zu schreiben, speziell für die deutschen Leser. Selbstverständlich gehörte auch die »Euthanasie« zum Thema. Für Niederländer ist der freie Wille des Individuums, bedingungslos über seinen eigenen Tod entscheiden zu können, ein großes Gut, das gesetzlich festgeschrieben worden ist.

Der Hausarzt, oft lebenslanger Vertrauensarzt eines Menschen, hat dabei eine helfende, dienende Rolle. Aber lediglich wenn er will und wenn er vorher Kollegen informiert. Und nur dann, wenn sein Patient nicht mehr selbst in der Lage ist, sich die notwendigen Medikamente zuzuführen. Wenn man Pech hat, ist man bei uns noch im Sterbebett regelrechten Konferenzen ausgesetzt: Leichtfertig wird eine Euthanasie-Entscheidung nie getroffen.

Ein todkranker Berliner Nachbar hat sich kürzlich mit letzter Kraft aus dem Fenster gestürzt. Zwar hätte er in Deutschland das Recht gehabt, die Medikamente zu erhalten, die einen sanften Tod verschaffen. Um Selbstmord zu begehen, wenn man so will. Aktive Sterbehilfe ist in Deutschland nicht erlaubt, aber ärztliche Beihilfe hätte dieser Nachbar auch nicht gebraucht. Die benötigten Medikamente hat er allerdings nicht bekommen, weil ministerielle Verfügungen das juristisch bestätigte Recht auf sie in die Ferne schieben und sogar torpedieren.

Hierzulande wird die niederländische Möglichkeit, sich auf Wunsch am Lebensende von einem Arzt einen guten Tod geben zu lassen, vor allem mit dem Nationalsozialismus assoziiert. Denn »der gute Tod« ist die wörtliche Übersetzung von »Euthanasie«. Bei uns wird dieses Wort neutral benutzt: »Doktor, ich möchte, wenn es mir noch schlechter geht, Euthanasie. Bitte, begleiten Sie mich in den Tod, wenn ich selbst nicht mehr fähig wäre, mein Leben zu beenden.«

Ein »Freibrief zum Töten« wird unser Gesetz in Deutschland genannt, oder gar eine »Sparmaßnahme« des niederländischen Gesundheitsministeriums. Ein guter Witz, wenn es nicht

so ernst wäre: alte, todkranke Niederländer, die sich kollektiv vom Felsen stürzen wie die Lemminge, weil man sie nicht länger braucht? Mein Freund Wouter hat eine zutreffende Replik auf diese deutsche Metapher: Müssen wir uns denn heutzutage wie zahme Schäflein zur Schlachtbank des Todes führen lassen?

Offenbar haben deutsche Bürger kaum Vertrauensärzte in dem Sinn, wie wir Niederländer das gewohnt sind: als Begleiter des Lebens – und des Todes. Der deutsche Staat hat wohl wenig Vertrauen in Ärzte und generell in Menschen. Wie der Wirt selbst ist, so vertraut er seinen Gästen, wie ein niederländisches

Sprichwort lautet. Deutsche Ärzte trauen den Bürgern wenig zu, und Bürger ihren Ärzten viel, noch dazu viel Schlechtes. Dann denkt man leicht: Kontrolle ist besser. In der Praxis heißt das: Ein Mensch soll bloß nichts selbst entscheiden.

Die Niederländer, die 1940−45 unter der deutschen Besatzung gelitten haben, sind nicht gerade begeistert, wenn ihr allgemein begrüßtes Euthanasiegesetz von Deutschen, sogar einmal vom Bundespräsidenten, mit Nazi-Gesetzgebung in Verbindung gebracht wird. Bitte, denkt man, heute vom Nachbarstaat nicht auch noch eine moralische Besatzung obendrauf!

Die niederländische Botschaft hier in Berlin hat sich leider, nach jahrelangem Kampf gegen alle Fake-News − den Begriff gab es damals noch nicht mal − zur »Euthanasie«, irgendwann entschieden, nur noch zu schweigen. Bloß keinen Ärger mehr: Die gemeinsamen wirtschaftlichen Interessen unserer Staaten seien doch wichtiger, wurde mir auf meine Nachfrage hin mitgeteilt.

Seifenblasen für Antoine

Daniels Mutter, eine nette Urberlinerin, kommt gerade zum Grab des Sohnes, als ich dort bin. Im Vorbeikommen mit meiner Gießkanne hatte ich gesehen, dass die schöne neue Bepflanzung nach Wasser dürstet. Wir haben uns schon mal über Pflanzen ausgetauscht, wie auch ein wenig über Daniel. Ich weiß, dass er psychotisch war, als er sich das Leben genommen hat. »Ich dachte immer, er hätte einen Schutzengel«, sagt die Mutter, als wir auf Daniels Porträtfoto schauen. »Bis die Polizei geklingelt hat, da wusste ich, was kommt.«

Daniel hatte bereits viele ernsthafte Selbstmordversuche hinter sich, Arm aufgeschnitten, gesprungen ... er war nicht mehr zu retten gewesen, von niemandem. Das ist allerdings ein schwacher Trost. Freunde hat er genug. Sie haben sein Foto aufs Grab gestellt, zusammen mit vielen kleinen Gegenständen, Symbolen aus seinem Leben.

Mit jeder Woche kommt neuer Glanz auf Daniels Grab, monatelang schon: Fotos von Graffiti-Wänden, Schmuck, ein goldfarbener Mini-Boxhandschuh. »Mit vierzehn hat Daniel im DDR-Leistungssportteam geboxt«, erklärt seine Mutter. »Er sollte ein Spitzensportler werden. Dann ist die Mauer gefallen und die Sportschulen wurden geschlossen.«

Das Glanzstück auf dem Grab ist die lebensgroße Holzstatue einer Männerfigur, von Daniel selbst geschnitzt. Der Schöpfer hat sich diese Bestimmung des Bildnisses wohl nicht so gedacht, als er sich erhängt hat.

Von Marina höre ich ungefragt Näheres über Daniel. Eine so liebevolle, treue Trauernde kann sich jeder Tote nur wünschen.

Sie kommt oft vorbei und hinterlässt auf seinem Grab immer wieder Glitter-Flitter, frische Blümchen, oder auch kleine aus Plastik – die gleichen werde ich auf unserem Grab finden.

Marina schreibt Daniel Berichte aus dem Reich der Lebenden, in einer schwer entzifferbaren Geheimsprache, und legt sie in laminierter Form hin. »Wir kannten uns schon aus der Schule«, erzählt sie. »Am Tag seines Todes habe ich 22 346 Schritte gemacht.« 22 000 Schritte? »Und 346. Denn so viele war ich an dem Tag von ihm entfernt. Ich habe ja einen Schrittzähler.«

»Daniel und ich sind Seelenverwandte, in der Psyche«, fährt sie fort. Sie seien Opfer derselben Krankheit, Psychosen. »Aber wir sind keine Behinderten, das machen andere daraus. Wer dann wohl die Normalen sind? Er war Sprayer und gerade auf Alkoholentzug.« Sie zeigt mir Bilder von Daniels Graffitikunst. »Ich habe sie auf Instagram gepostet.«

Marina sieht mit ihren rosaweißen Rastalocken wunderschön aus. Sie lauscht andauernd in einen rosafarbenen Kopfhörer. »Ich kommuniziere mit halb Berlin«, sagt sie. Dann hört sie also Stimmen? Wie anstrengend muss das sein. »Ja, es geht mir schlecht. Der Kopfhörer ist mit meinem Smartphone verbunden. Ich kriege Aufträge.«

Gerade bekommt sie den Auftrag zum Rauchen, sagt sie. »Um Kontakt mit den Jungs zu behalten.« Teurer Auftrag, sage ich, und biete ihr eine Kippe. »Ja, und Rauchen ist schlecht fürs Grundwasser.«

Sie war mal wieder in der »offenen Psychiatrie«, erzählt sie verschmitzt lachend. »Von Drogen durchgeknallt. Obwohl ich gar nicht viel genommen habe, nur so mal ein halbes Gramm Amphetamine. Aber ich war schon halb durchgedreht und bin dann endgültig durchgeknallt.«

Mit den Behörden hat Marina viel durchstehen müssen. »Ich habe die Neigung, Sozialarbeiter anzugreifen, ich kann nichts

dafür. Deswegen muss ich Amphetamine schlucken, sonst werde ich aggressiv.« Das Jugendamt hat ihr ihre vier Kinder weggenommen – sie erzählt es eher beiläufig, als ob das eine Alltagsgeschichte wäre. »Und ich musste nach Schöneberg umziehen, wo ich doch von hier bin.«

Aber jetzt nimmt sie keine Drogen mehr, schwört sie mehr sich selbst als mir. »Niemals mehr.« Und den Freitod sieht sie, wie sie ebenfalls schwört, wirklich nicht als Erlösung aus dem Leid. Das heißt, nicht jetzt. »Ich habe es schon ein paar Mal versucht. Aber die Stämme haben es verhindert.« Stämme? In ihrer Auslegung ziehen das Völkerrecht und die Indianer und Juden vorbei, die ihr Signale senden. Denn für die Sünden ihnen gegenüber müssen wir, muss auch sie büßen, erklärt sie.

Marina birst geradezu vor Energie. Doch diese explodiert in viele Richtungen zugleich. Ob ich gesehen hätte, dass jemand Sand über eine meiner Pflanzen gestreut hat? Vielleicht eine Verschwörung, und sie hat die Pflanze dann wieder ausgegraben. Könnte der Fuchs gewesen sein, sage ich. »Ach ja?« Sie wusste noch nichts von der Fuchsfamilie auf dem Friedhof.

Aber ihre Theorie lässt sich nicht so rasch widerlegen. Auch deswegen nicht, weil sie gar nicht mal so weit danebenliegen muss: schon genug Unfug am Grab erlebt, wir beide. Ich bekomme einen Abschiedskuss und einen für Antoine gleich mit. Das tröstet echt: In ihrem dermaßen schweren Leben findet sie noch Platz für liebevolle Gesten.

Eine Woche später pustet sie bei unserem Grab Seifenblasen, die bis hoch in den Himmel steigen. Wieder eine Woche später finde ich die Luftblasenpfeife neben Antoines Grabstein. Zusammen mit einer alten Freundin, die aus Australien rübergekommen ist, versuche ich prompt, große Seifenblasen zu machen, die gleich hoch oben in den Himmel verschwinden werden wie jene von Marina.

Schwäbische Denkanstöße

Die »Schwaben«, wie sie sich selbst vorstellen, sitzen auf meiner Bank bei Antoine. Sie sind keine gentrifizierten Neuberliner, sondern die Eltern einer erwachsenen Tochter, mit der sie gestern deren runden Geburtstag gefeiert haben. Heute verweilen sie noch ein wenig im Kiez, bevor es zurück in den Süden geht. So sind sie bei meinem Grabgarten gelandet.

Die Frau gibt mir einen Denkanstoß. Nicht dass mir das gefehlt hätte. Aber ich nehme es zunächst einfach hin, weil es nicht belehrend gemeint ist. »Die Seele ihres Mannes«, sagt sie tröstend, »wandert irgendwo über uns.« Seine Seele ist schon bei mir, antworte ich skeptisch.

Und bei ein paar anderen Geliebten, denke ich mir noch dazu. Hatte ich doch noch vor einer Woche einen wunderschönen Nachmittag im Amsterdamer Garten von Lisl, seiner ersten Ehefrau, verbracht. Lisl hat mich mit Herrlichkeiten aus ihrer österreichisch-holländischen Küche verwöhnt, und wir haben über die Welt, das Leben und Antoine geredet.

Erst nach Antoines Tod haben Lisl und ich zueinander gefunden. Seitdem können wir unsere Zeiten mit Antoine angenehm miteinander teilen. Dabei vergöttern wir ihn nicht, ganz im Gegenteil. Eben auch über seine weniger noblen Seiten reden wir, die speziell Lisl erfahren hat, weil Antoine damals noch so jung und wild war.

Während ich in Gedanken weit weg in Amsterdam bin, fährt die nette Schwäbin unbeirrt fort, nun beschwichtigend. »Gott regelt das.« Ihr Mann schaut weg. Es ist ihm spürbar peinlich, dass sie ihren religiösen Eifer ungefragt über mich ergießt.

Noch viele weitere schöne, trostreiche Formulierungen kommen aus dem Mund der Frau. Aber ich nehme sie nicht mehr so wahr. Bis sie wieder auf Erden landet: »Wie Sie hier für Ihren Mann einen schönen Garten machen!« Na ja, antworte ich, das mache ich eigentlich für mich. Sie gibt mir recht: »Ja, sein Körper ist tatsächlich nicht so wichtig. Später werden sie wiedervereinigt werden.«

Eigentlich glaube ich nicht an Gott, versuche ich vorsichtig einzuwerfen. In Deutschland bekennt man sich dazu nur ungern; Politiker wohl am wenigsten. Soll man sich etwa dafür schämen, als Humanist keinen Gott nötig zu haben?

»Gott nimmt sich auch Ihrer an, wirklich«, kontert die Schwäbin. Ich bedanke mich aufrichtig für die wohlgemeinte Aufmunterung. Meine Seele ist erwärmt worden, und Antoines Seele darf meinetwegen irgendwo über uns wandern.

Auf dem Spielplatz

Der Gärtner erzählt, dass ihn erneut eine Beschwerde über meinen Grabgarten erreicht hat. Diesmal betrifft sie nicht die »Wildnis«, sondern tatsächlich meine Ordnung. Eine Mutter ist zu ihm gekommen mit dem Klagegesang, ihr Kleinkind sei über mein Seil gestolpert. Ich hatte, wie gesagt, ein Seil niedrig um meinen Grabgarten herum gespannt, vor allem um den Pflanzen ihre Grenzen zu zeigen. Und den Menschen gleich mit – so wird jetzt klar. Denn das arme Kind war beim Seilspringen gestolpert.

Es ist hier doch, bitte, kein Kinderspielplatz, sage ich dem Gärtner. »Ja, das habe ich der Frau auch geantwortet. Diese Menschen möchten aber bloß nichts mit dem Tod zu tun haben.«

Vielleicht ist diese Frau ihren eigenen Mann lieber los. Und kann sich deswegen nicht vorstellen, dass jemand hier um den verstorbenen Ehemann trauert. Kurz darauf finde ich mein Seil durchgeschnitten vor. Und, wieder repariert, nochmals. Auch ein paar meiner Pflanzen sind abgeschnitten.

Zwei Mädchen haben sich kichernd auf ein nahes, frisches Grab zwischen den Blumen hingelegt. Ihre Mutter schaut lächelnd zu. Sie sieht meinen verstimmten Blick. Macht ihr wohl nichts aus, also gehe ich auf sie zu. Ob sie nicht wisse, dass hier die Friedhofsordnung herrscht? »So, und wer bestimmt das?«, antwortet sie, »das bestimmen Sie wohl, ja?« Nein, das steht auf dem Schild beim Eingangstor, antworte ich. »Ach so, und Kinderlachen gehört nicht dazu?«

Ich bin deutscher als die Deutschen geworden. Wie oft habe ich hier jemandem erklären müssen, was die Friedhofsruhe bedeutet. Einmal bin ich sehr provokativ vorgegangen, als – erneut – eine Mutter ihre Kinder lautstark rumtoben ließ. Auf meine Frage, ob sie nicht wisse ... und so weiter, hat sie nur geschwiegen. Daraufhin habe ich sie gefragt, ob sie deutsch sei. Ob sie wisse, was ein Friedhof ist.

Dabei hatte ich sie schon auf Deutsch zu den Kindern rufen gehört. Sie starrte mich verblüfft an, vielleicht auch wegen meines niederländischen Tonfalls. Ein leises »Ja« konnte sie noch herausbringen, dann hat sie die Kinder zu sich gerufen.

Die Kinder, die, von den Eltern munter beobachtet, auf Laufrädern Cross-Country-Rennen über die Gräber fahren, sind lediglich von anderen Hinterbliebenen wahrgenommen worden. Zum Glück, ich hätte Mordlust bekommen – gegenüber den Eltern.

Und desgleichen gegenüber dieser junggebliebenen Ur-Berliner Oma, die ihrem Enkelsohn in seinem Buggy laute Rockmusik aus einem Ghettoblaster vorspielt. Unser Gärtner wird mit seiner Einschätzung wohl recht haben: Den Tod mit Lärm übertönen heißt, seine Existenz abstreiten.

Der gute Tod

Ach, die widerspenstige Gegenwart ... Ich sitze auf meiner Bank an Antoines Grab, höre auf die fröhlichen Vögel in den Bäumen über uns und denke darüber nach, wie er durch die Maschen eines unwürdigen Weiterlebens geschlüpft ist. Dank einer Patientenverfügung, aber vor allem einer riesigen Portion Glück, wenn auch das Wort hier komisch anmuten dürfte. Ehe er sein Buchkonzept zum Selbstmord fertiggestellt hatte, geriet er nämlich selbst in eine Situation, in der der Tod nur eine Befreiung sein konnte.

Antoine und ich hatten abgesprochen, wenn wir unheilbar krank werden, gehen wir nach Holland zwecks aktiver Sterbehilfe. Wie unbesorgt, und wie naiv. Da liegt er plötzlich auf der Intensivstation, an vielen Schläuchen.

Ein Freund aus den Niederlanden hat mir in jener Woche geschrieben, er hätte einen LKW-Führerschein und wäre bereit, Antoine nach Amsterdam umzusiedeln. Wie nett, und wie wirklichkeitsfern ...

Anfang Oktober war ich aus Groningen, meiner Studentenstadt, vom Mutter- und Freundesbesuch nach Berlin heimgekehrt. Dort fand ich unsere Wohnung eisig kalt vor – ohne Antoine. Nur sein Computer strahlte noch Wärme aus. Da stimmte etwas überhaupt nicht. Intuitiv habe ich sofort das nächste Krankenhaus angerufen, dann noch eins, und noch eins ... nur um festzustellen, dass es in Berlin kein zentrales Krankenhauspatientenregister gibt.

In immer größeren Kreisen um unsere Wohnung herum habe ich, wie in einem Automatismus gefangen, Berliner

Krankenhäuser angerufen. Bis ich seinen Namen dann tatsächlich irgendwo auf einer Intensivstation gefunden habe. Später hat man mir erklärt, aufgrund der Datenschutzgesetze wäre es dem Krankenhauspersonal nicht erlaubt gewesen, mich zu benachrichtigen. Man hätte nämlich nicht in Antoines Terminkalender blicken dürfen. Wo ich doch auf der ersten Seite unter »Im Notfall zu benachrichtigen« stehe – mit vier Telefonnummern. Auch Antoines Blutgruppe hätte man dort sofort finden können.

Wenigstens war mir noch einmal eine sorgenfreie Bahnfahrt nach Berlin vergönnt, weil das Krankenhaus mich nicht über Antoines Situation informiert hatte. Ich konnte mich wie immer tierisch auf unser Wiedersehen freuen.

Antoine ist nicht mehr aufgewacht – wie auch immer das in seinem Zustand ausgesehen hätte. Er war zu spät reanimiert worden; niemand hatte daran schuld. Sein so zäher Körper reagierte allerdings noch. Wie hilflos er da lag, mit Bolke, seinem Kinderbär, in den Armen. Den hatte ich ihm mitgebracht, und ich habe Bolke immer wieder sein vertrautes Gebrumm machen lassen. Wer weiß, vielleicht hat ihn das irgendwie beruhigt, wie auch meine Stimme.

Man hat Antoines Atemnot wirksam lindern können. Aber nach einer Woche hat sein Körper wohl verstanden, so geht's nicht weiter. Was soll ein Philosoph auch ohne seinen vollen Verstand. Er ist sanft in meinen Armen davongeschlichen.

Antoine fand seinen Tod, wann auch immer, nicht bedrohlich, wie er öfter betont hat. Lediglich das Sterben sollte nicht lange dauern. Von seinem Sterben hat er nichts gemerkt. Und dass sein Körper so krank war, das hatte er nicht gewusst, vielleicht nicht wissen wollen. Ich wusste es ebenso wenig, hatte mir jedoch schon seit einem Jahr Sorgen um ihn gemacht und ihn zu Spezialisten geschickt.

Er hatte zögerlich auf mich gehört, und seine Irrwege durch den medizinischen Zirkus hatten nie große Ergebnisse hervorgebracht. Das konnte er alles weglachen – zum Glück, denke ich heute – mit den Worten: »Noch mehr Ärzte? Wenn sie hier in Deutschland nicht irgendetwas finden, ist man wohl noch nicht ausreichend untersucht worden.« Er ist schlicht an seiner zugleich angenehmen wie heftigen und ungesunden Lebensweise gestorben.

In Antoines Dokumenten stieß ich auf eine Besprechung für die Tageszeitung *Trouw* von Olga Tokarczuks Buch *Letzte Geschichten*. Wir haben die Bücher dieser polnischen Autorin von Anfang an geliebt, haben beide darüber geschrieben und sie auch kennengelernt.

»Die *Letzten Geschichten*«, hat Antoine geschrieben, »machen es einem möglich, sich mit dem Sterben zu versöhnen. Die Geschichten von Ida und Parka erzählen von einem guten Tod. Auge in Auge mit dem Tod zieht ihr Leben vorbei, und fallen alle Ungereimtheiten auf ihren scheinbar vorherbestimmten Platz. [...] Tokarczuk führt ihre Leser mit samtweicher Hand zu der Einsicht, wie freundlich und sanftmütig der alltägliche Tod sein kann.«

Preußischer Anstand

An einem trüben Tag sitzt eine Frau auf dem Bänkchen bei Antoine, das zugleich das beim Urnengrab von Pepe ist. Sie muss sehr weinen, schaut mich immerhin einladend an. Das passiert hier nicht oft. Sie will unbedingt von Pepe erzählen. Dass sie schwer in ihn verliebt war. Und dass er exzessiv war in allem, was er gemacht und konsumiert hat. Dies hätte sie damals von ihm entfernt.

Viele in Berlin meiden Blickkontakt, das kenne ich so aus den Niederlanden nicht, nicht mal auf Friedhöfen. Ist das der traditionelle preußische Anstand? Man möchte bloß nicht stören?

Einmal bin ich mit meinen zu voll geladenen Fahrradtaschen umgefallen, gleich vor dem Supermarkt. Samt Rad lag ich auf dem Boden und kam nicht mehr hoch. Doch die Passanten haben alle nur weggeschaut. Erst als ich um Hilfe geschrien habe, kamen Menschen auf mich zu, um dem Fahrrad und mir hochzuhelfen. Von allen Seiten kamen sie plötzlich geströmt.

Berliner mischen sich ungern in die Privatsphäre eines anderen ein. Ich könnte hier nackt herumspazieren, und alle Zeugen würden wegblicken. In Amsterdam würden sie sofort reagieren: mich entweder laut für verrückt erklären oder mir lachend nachpfeifen.

Auf unserem Friedhof ist es nicht anders. Als ich mal keine Gießkanne dabei habe und Gabis Kannenschlüssel leider nicht finden kann, versuche ich, mit einer eleganten Dame beim Wasserpunkt Blickkontakt aufzunehmen. Sie schaut nur weg und reagiert nicht auf mein »Guten Tag«. Sicher, es gibt Ausnahmen. Aber wenn ich nicht selbst, meist gießkannenbedingt, mit meinen Augen, einer freundlichen Geste oder ein paar beiläufig platzierten Worten, Kontakt gesucht hätte, wäre dieses Buch wohl ungeschrieben geblieben.

Wegschauen, bei Muslimen geht das gar nicht, und auf dem Friedhof wohl am wenigsten. Das hat mir mein türkischer Bekannter Resul erzählt. Wir plaudern gern mal über kulturelle Unterschiede und staunen dann darüber, dass uns die gleichen Dinge aufgefallen sind.

Als geborener Muslim, sagt er, der in Berlin noch viel länger zu Hause ist als ich, muss man auf einem Friedhof alle grüßen. Man bezeugt allen, auf die man dort trifft, sein Beileid, egal ob man sich kennt und wie lange der Verstorbene schon tot ist.

Das hat Resul zu seiner Verwunderung viele verblüffte und auch unangenehme Reaktionen eingebracht. Er wurde auf dem Berliner Friedhof, wo sein Vater in einer Ecke für Muslime beerdigt worden ist, mitunter angestarrt, als hätte er sich ins Privatleben der anderen einmischen wollen.

Fast immer wenn wir uns treffen, flehe ich den netten Gärtner an: »Machen Sie es hier bitte nicht zu preußisch!« Das ist eine Art Scherz zwischen uns geworden. Er zeigt dann ein ironisches Grinsen und antwortet etwas wie: »Die Deutschen sehen das nun mal gerne, Ordnung beruhigt.« Es sei zum Beispiel mit Sicherheit nicht sein Anliegen, mit den Verstorbenen hier Reihen aufzufüllen. Es gibt ja genug Freiplätze auf den Wiesen. Aber man reiht die Toten nun mal gern nebeneinander auf.

Die mit massivem Marmor eingefassten Gräber, mit wenig mehr darauf als ein paar uninspirierten Pflanzen auf grauer Erde, rücken in Richtung meines Grabgartens heran. Ich habe Samen einer wunderschönen dunkelroten Stockrose aus Amsterdam mitgebracht und werfe ein paar davon ins nächste Marmorrechteck. Die Nachfahren werden sich bestimmt freuen, oder?

Das Bedürfnis nach Ordnung nimmt auf dem Friedhof verschiedene Gestalten an. So gibt es den ewigen Kampf gegen den Vandalismus. Kürzlich las ich auf einer Grabstätte einen in Plastik eingeschweißten Brief:

»An die Idioten, die die Zweige der Hortensie abgebrochen und den Rest der übrigen Zweige mit Farbe besprüht haben. Wie blöd muss man sein, um so etwas zu tun? Übrigens, die Hortensie war ein letztes Geschenk der Schwester an den Bruder.«

Es gibt auch ein Bedürfnis nach Ordnung, die grundsätzlicher geprägt ist. Das merkt man nicht sofort, zum Beispiel, wenn es mit Gemecker über Hundekacke und das durcheinandergewühlte Grab anfängt. Ich pflichte dem Mann etwa meines Alters, der mir sein Ungemach offenbart hat, bei: Ja, es ist schlimm.

Der Hund ist allerdings nur ein Symbol, so zeigt es sich, für das Verludern der Welt. Da wird schon mit den »Immigranten« herausgerückt, die schuld an allem hätten. Ich bin auch eine, sage ich. Aber er hört nicht zu.

Es gibt wirklich viele interessante Menschen, auch bei uns auf dem Friedhof. Und ich kann gut zuhören. Nein, das ist nicht so sehr beruflich bedingt. Ich kenne genug Journalisten, die außerhalb ihrer beruflichen Tätigkeiten am liebsten nur über sich selbst erzählen und den privaten Gesprächspartner selten etwas fragen.

Nun bin ich nicht an erster Stelle als Journalistin hier. Ich bin eine Hinterbliebene wie die anderen auch. Aber nur ganz selten werde ich gefragt, wer ich bin und wer wir waren, als Niederländer in Berlin. Ich funktioniere eher als Schallwand.

Eine Frau kommt fast jeden Tag zum Grab ihrer Mutter, »ein bisschen mit ihr tratschen, frühmorgens, wenn der Tau noch über den Wiesen liegt«. Ich bin sofort neidisch, denn so früh schaffe ich es nie. Sie erzählt, wie sie auf dem Friedhof früher durch den Schlamm waten musste. Es ist also schon einiges besser geworden, nicht?

Jein, so hört sich ihr Seufzen an. »Mit der Bepflanzung schon. Es war hier düster und undurchdringlich.« Es sei einiges gekappt worden, es gibt mehr Licht, und Pflanzen sind wiedergekehrt, von denen man zuvor glaubte, sie seien verschwunden. Aber...

O nee, denke ich, bitte nicht wieder dieses »Lasst uns wenigstens unsere Traditionen – ihr habt uns schon alles weggenommen – wir haben in der DDR genug gelitten – nach dem Mauerfall ist es nur noch bergab gegangen...«

Die Frau verlegt das Thema ungefragt auf die Lebensgeschichte ihrer Mutter, die, so lässt sie durchblicken, auch im Tode ihre einzige Ansprechpartnerin ist, wie traurig. Heute bin ich zufällig da. Ich erfahre unter anderem, wie tapfer ihre Mutter in der DDR immer Unrecht bekämpft hat. Dass sie noch im Stasi-Gefängnis eingesperrt worden war. Und dass sie den Mauerfall noch bewusst erlebt hat.

Dieser Tag war dann bestimmt ein großes Glück für ihre Mutter, bringe ich vor. »Nein«, antwortet die Tochter. »Denn ab dann gab es noch mehr Unrecht zu bekämpfen.« Noch mehr Unrecht als in einer Diktatur? »Zum Beispiel hat Mutter sich noch für Obdachlose eingesetzt. Aber heute kommen die hier auf den Friedhof, das geht doch gar nicht.«

Mir fällt dieser Witz aus der ZDF-Heute-Show ein, mitten im anschwellenden Gemecker über Merkels »Wir-schaffen-das«-Flüchtlingspolitik: »Warum sagt Merkel nicht, wir haben einen Fehler gemacht? Wir hätten die Grenze nicht öffnen sollen ... 1989?«

Die vielen Umwandlungen im Leben der Menschen spiegeln sich im Mikrokosmos unseres Friedhofes wider. Kürzlich habe ich gehört, dass jemand den Schlafsack des vermutlich obdachlosen Florian – immer hinter der Bank weggepackt, wenn er nicht da ist – mit Wasser vollgegossen hat.

An einem Sommertag spaziere ich mit Freundin Ute, meine Fahrradtaschen voll frischer Pflanzen und Gartengerät, zu unserer Grabstätte. Prompt höre ich eine vertraute laute Stimme am Mittelweg. Es ist die Mutter vom dunklen Familiengrab. »Vom Rad absteigen! Es herrscht hier Ordnung!«, schreit sie mir zu. War ich doch längst. Da höre ich den so untertänigen Sohn zum ersten Mal sprechen. Sanftmütig spricht er. Und zu meinem Erstaunen unterstützt er mich: »Ja, das stimmt, sie ist sofort abgestiegen.« Die Mutter spult sich nun erst recht auf.

Ich frage, halb scherzend, ob ich mit dem Rad eher linksrum oder lieber rechtsrum über den stets geharkten grauen Boden, der schließlich Teil des öffentlichen Raums ist, spazieren soll? Sie überschreit mich sofort: »Das ist egal. Meine Familie liegt hier schon fünfzig Jahre lang. Deswegen probieren wir, es hier ordentlich zu halten.«

Im Vorbeigehen höre ich noch etwas Negatives über meinen Grabgarten, der nicht ordentlich ausschaue. Nein, noch nicht ganz, rufe ich zurück, warten Sie bloß ab! Im nächsten Frühling werden Sie mit Neid auf meine schönen Tulpen schauen! Als ich mich entferne, lasse ich noch fallen, dass nicht ich, sondern eben sie die Friedhofsordnung störe.

Das war nun nicht klug. Ein rohes Lachen folgt. »Ach, wir sind aus Holland, nicht wahr? Seit dem Mauerfall geht's hier bergab. Hausbesetzer, Hollandräder …«

Bitte nicht schon wieder … Meine Freundin Ute fragt nachher, ob ich wohl die ausländerfeindlichen Bemerkungen gehört habe? Nee, na ja, ich habe sie nicht so ernst genommen. Hatte die Mutter mir nicht zum Schluss noch nachgerufen: »Das war nicht negativ gemeint, über Ihren Garten«? Das war eine große Geste.

Also, wir schaffen das irgendwann schon, wechselseitig die auf dem Friedhof mit der Zeit entstandenen Imperien und die fremd anmutenden neukreierten Inseln zu respektieren.

Einmal bin ich allerdings aufgrund meiner Herkunft derart positiv behandelt worden, dass ich nur zu gern darauf verzichtet hätte. Eine Frau aus dem Kiez geht gerne auf Friedhöfe, weil sie, nach eigenem Bekunden, für Tote so viel Pietät empfindet. Mit den Lebenden liegt das differenzierter, erfahre ich.

Eine Niederländerin bin ich? Wie schön, denn wir seien den Ostdeutschen ähnlich. »Ihr seid nicht so arrogant wie die Wessis«, erklärt sie mir, »und keine Muslime, nicht so heuchlerisch christlich, und nicht schwarz …«

Statt ihr auf der Stelle das Maul zu stopfen, gehe ich auf sie ein. Ich habe viele schwarze Landsleute, sage ich. Da bleibt sie eine Weile still. Um dann noch einen Zahn zuzulegen: »Ich meine diese Flüchtlinge. Diese sogenannte Willkommenskultur ist doch grausam, was haben wir Ostdeutschen eigentlich davon?«

Es wäre sinnlos, überlege ich mir schnell, hier auf dem evangelischen Friedhof, so angebracht das auch sein mag, für die nicht-heuchlerischen Christen einzutreten, die speziell in Deutschland Flüchtlingen geholfen haben.

Zugegeben, wie schön und unkompliziert haben wir zwei Holländer hier in Berlin unser Leben gestalten können, ohne traumatisches Erbe von Krieg, Kommunismus und, für so manch einen, vom »wiedervereinigten« Deutschland. Dazu hätte ich gern jemandem mal etwas gesagt. Wenn man mir bloß hätte zuhören wollen.

Antoines Grabstein hat eine goldene Sonne bekommen, wie auch ein goldenes Herzlein. Von Marina gespendeter Trost, das ist mir sofort klar. Ein paar Tage später treffe ich sie, nun mit kurzen weißen Haaren. Auch im Namen von Antoine bedanke ich mich für ihre Zuwendung. Behutsam füge ich hinzu, dass ein Findling, also sein Grabstein, schon ein wenig naturbelassen bleiben sollte.

Ich bekomme einen lieben Kuss. Sie hat, sagt sie, vor einer Weile einen Selbstmordversuch begangen. Sie erzählt es, als sei sie von einem Ausflug zurückgekehrt. Es gehe ihr wieder besser, fügt sie hinzu.

Wenig später ist meine hochgewachsene Goldrute, hier von den Älteren »Trümmerblümchen« genannt, weil sie so üppig auf Berlins Ruinen erschienen waren, wirklich zu Gold geworden. Die Blume ist an sich nur gelb. Marina hat die Metamorphose mit ihrem Zauberstab bewirkt.

Und nicht nur hier hat sie ihren goldenen Touch verbreitet. Die Holzstatue eines Mannes, die das Grab ihres Freundes Daniel ziert und noch von seiner Hand stammt, ist nun zu einem goldenen Mahnmal geworden. Wie auch manche Pflanzen auf den umliegenden Gräbern.

Als ich Marina kurz darauf wieder treffe – diesmal mit eingeflochtenen, langen weißen Zöpfchen –, frage ich, ob sie sich sicher sei, die Pflanzen würden ihre Zauberspritze überleben? Gewiss, meint sie. Aber gut, sie werde sich ein wenig zurückhalten.

Wieder Herbst

Die Blätter sind noch nicht alle geschafft. Seit vielen Tagen ist es so schrecklich nass hier. Und keine Sonne erscheint mal, um die Blätter zu trocknen. »In diesem Jahr wohl kein goldener Herbst, wie im letzten Jahr«, seufzt der Gärtner. »Ich weiß noch, erst als ich Ihren Mann zugebuddelt habe, hat der Regen aufgehört, und dann hat die Sonne sich noch mal richtig blicken lassen.«

»Antoine ist zugebuddelt worden«: wie niedlich, das hätte ihm gefallen. Seine Beerdigung hatte tatsächlich im strömenden Regen stattgefunden. Als unser Freund Sven am Grab sang, platschten die Tropfen laut auf den Sarg.

Frau links, Mann rechts

Dunkelrote Herbstastern blühen um Antoines Kopf. Wie ein Blumenkranz am Hals eines alten Hippies, der er auch einmal war. Heute ist es genau ein Jahr her, dass er gestorben ist.

Antoine schaut im Grab Richtung Norden, denke ich. Man ist sich nicht sicher, der Sarg war schon zu, aber so ist es mir erzählt worden, und dort auf seiner Kopfseite haben wir den Findling platziert. Ich hatte mir darüber eigentlich keine Gedanken gemacht, dachte, das sei eher zufällig so.

Aber es gibt hier strikte Regeln. Erst wenn gegen sie verstoßen wird, merkt man überhaupt, dass es sie gibt. Zum Beispiel die Tatsache, dass die Verstorbenen hier mit dem Kopf in die gleiche Richtung blicken sollen. Dies scheint keinen Sinn zu ergeben. Sie müssen hier nicht nach Mekka blicken. Tun sie auch nicht: Sie schauen nordwärts.

Das heißt, im vorderen Teil des Friedhofs. Es gibt dort allerdings eine Verstorbene, die zuvor den Wunsch geäußert hatte, nach ihrem Tod auf ihre nah gelegene eigene Wohnung zu blicken. Das war südwärts. Also, das ging nicht, erzählt mir die Tochter am Grab. Sie habe Himmel und Hölle in Bewegung gesetzt, und dann ging's doch. Man sieht das halt nicht, und vielleicht ging's gerade deswegen. Das Grabmal der Mutter steht auf einer geraden Linie mit denen der benachbarten Toten. Nur liegen auf dieser Seite eben Mutters Füße und nicht ihr Kopf. Eine kleine Revolution, so die Tochter.

Echt? Im hinteren Teil unseres Friedhofs liegen die Verstorben süd- und nordwärts blickend durcheinander. Zwar nicht ost- und westwärts oder einfach kreuz und quer. Dafür liegen sie hie und da wie Dosensardinen abwechselnd Kopf neben Füße sortiert. Wenn es wenigstens stimmt, dass ihre Grabmale alle auf der Kopfseite platziert worden sind. Aber am mittleren Pfad und an der Friedhofsmauer liegen die Grabstätten schon ost-west ausgerichtet. So strikt sind die Regeln wohl nicht.

Sogar an diesem Tag, genau ein Jahr nach Antoines Tod, gelingt es dem Gärtnergehilfen, mich zum Lachen zu bringen. Beim Grab nebenan ist die Marmorumrahmung entfernt worden. Die steht jetzt an der Friedhofsmauer. Ich gehe auf den jungen Gärtnerassistenten zu und frage ihn, ob der Sohn des Mannes, der hier ruht, nun vielleicht selbst gestorben ist? Einmal hatte ich den Sohn getroffen, er war jünger als ich.

»Nein, die rechte Seite der Grabstelle, also vom Kopf her betrachtet, ist noch immer leer«, antwortet er. »Der Vater liegt links. Aber das ist wirklich unüblich.«

Oh? Antoine liegt in dem Sinne zwar rechts, und ich werde links neben ihm ruhen. Gleich wie bei der Nord-Süd-Frage der Blickrichtung der Toten habe ich mir bei dieser Konstellation nichts gedacht. In Amsterdam hatte Antoine immer rechts von mir geschlafen, aber in Berlin links. Das war fenster- und noch-so-was-bedingt gewesen.

Aber hier auf dem Friedhof existiert kein Zufall, bestätigt mir der Gärtnergehilfe. »Normal liegt der Mann rechts und die Frau links.« Wieso denn? »Ist nun mal so.« Er zögert. »Es sei denn ... bei Homosexuellen ist es anders. Da liegt der Mann links.«

Der Mann? Bei schwulen Männern gibt es doch gar keine Frau? »Eben. Und dann liegt der Mann links.«

Ein Lachkrampf überfällt mich. Meint er vielleicht den Erstverstorbenen? Aber dennoch, die sexuelle Identität eines Menschen muss doch bitte nicht bekanntgemacht werden, wenn sein Grab gegraben wird?

Der Gärtnergehilfe hat sich wieder zu seinen Blättern davongemacht und mich rätselnd zurückgelassen. Seiner Logik folgend sollte einer, der nicht als Schwuler etikettiert werden möchte, sich eher rechts begraben lassen. Kann man das eigentlich festlegen? Und wenn er, wie hier wohl, ein Grab mit seinem Sohn teilen wird?

Ich höre schon Antoines ironisch-philosophisches Lachen. Wie schön, gerade an diesem Tag. Ja, er würde sich vor Lachen in seinem Grab umdrehen. Ich habe mich, so hoffe ich wenigstens, ordentlich verarschen lassen.

Und was, wenn ich morgen sterben würde?

In der Nähe unseres Friedhofs gibt es ein Sarggeschäft. Diese massiv-hölzernen Totenkisten im Schaufenster haben mich immer ein wenig abgeschreckt. Aber das sie begleitende Schild hat mir eher zugelacht: »Nie wieder zu viel bezahlen!« Ist schließlich nicht das einzige Gute am Sterben, dass man überhaupt nichts mehr zu bezahlen hat?

Von unheilbaren Krankheiten einmal abgesehen, könnte ich morgen unter die Straßenbahn kommen. Tatsächlich ist das ein paar Mal schon fast passiert, weil die hier in Berlin viel geräuschloser fahren als in Amsterdam, wo sie ständig warnend klingeln. Da ich weder die mir Nahestehenden noch die Verwaltungsexekutoren meines Testaments mit allerhand praktischen Entscheidungen um meinen Tod belasten will, Dingen, bei denen sie sich ohnehin nicht auskennen, habe ich wochenlang Dokumente und Websites durchstöbert.

Welche Entscheidungen kann ich schon heute treffen? Und auf welche können meine geliebten Menschen und ich völlig verzichten? Das Einfachste dieser Probleme schien mir schnell gelöst: die Nutzungsrechte unseres Doppelgrabs schon heute um mindestens zwanzig weitere Jahre zu verlängern und dafür die Gebühren zu bezahlen.

Geht beides nicht – ich habe noch nachgefragt, weil ich es nicht glauben konnte. Erst frühestens ein Jahr vor Ablauf der Nutzungsrechte unserer Grabstätte kann ich sie, laut evangelischer Friedhofsverordnung, verlängern. Ich soll meinen

Antoine also, zu diesem Zweck, um fast zwanzig Jahre überleben. Ja, ich werde tun, was ich kann. Immer wieder versuche ich, gesünder zu leben, was immer wieder misslingt. Und ich könnte ja morgen schon vor die Straßenbahn laufen ...

Aber wer soll denn unsere Grabnutzungsrechte verlängern? Dabei habe ich noch Glück, beruhigt mich der Gärtner, dass ich diese Wahlgrabstätte habe. Für Reihengräber ist keine verlängerte unterirdische Bleibe garantiert.

Also, der Zähler springt bei meinem Tod wieder auf null. Antoine und ich dürfen mindestens zwanzig Jahre gemeinsam im Grab ruhen, egal was mit dem Friedhof passieren wird. Davon wusste ich wirklich nichts, als ich Antoine begraben habe: Glück gehabt.

Sollte mir der Kampf gegen den eigenen Tod lange genug gelingen, um diese bürokratische Hürde zu nehmen, werden Antoine und ich, so tröstet mich unser Gärtner, allerdings für ewig zusammen bleiben. Niemals werden wir ganz ausgebettet, also weggeschafft werden. Unsere Überreste werden nach Ablauf der Nutzungsrechte gesammelt und an gleicher Stelle tiefer eingegraben. Nicht überall wird das so gehandhabt: nochmals Glück gehabt.

Es sind in Berlin immer wieder Friedhöfe aufgehoben oder teilweise in Park- oder gar Bauland umgewidmet worden. Etwa ein Drittel der gesamten Friedhofsfläche in der Stadt soll auf Dauer eine andere Nutzung bekommen. Nicht weil weniger gestorben wird, sondern weil die heutzutage gängigen Urnenbestattungen weniger Platz brauchen und weniger Gebühren einbringen. Bauinvestoren kaufen dankbar noch das letzte Loch auf, das nach einer »Pietätfrist« freigegeben wird.

Das Wochenblatt Der Spiegel schreibt, der deutsche Staat bezahlt an Kirchen so viel Geld wie noch nie – dies noch zusätzlich zur Kirchensteuer. Die evangelischen Friedhöfe bekommen laut Auskunft ihrer Verbände aber kaum etwas von diesem Reichtum ab. Der Tod hat offenbar keine kirchliche Priorität.

Aus Bundesmitteln bekommen einige der evangelischen Friedhöfe, die historisch relevant heißen, zweistellige Millionensubventionen, um vor allem schöne alte Gräber vor dem Verfall zu bewahren. Unser Friedhof zählt nicht dazu: Pech gehabt. Und für einzelne Gräber sind diese Subventionen ohnehin nicht gedacht.

Das Grab von Herbert Dunkel, schon ziemlich alleine in seiner alten Reihe, wird nicht länger als Grab wahrgenommen. Sein Grabstein wird als Abstellstütze für Arbeitsmaterialien wie Metallplatten und Holzbretter benutzt. Und auf der leeren Nachbargrabstelle wird immer wieder der Wagen der Friedhofsverwaltung geparkt. Dies sind Zeichen dafür, dass Herbert Dunkels Grab demnächst wohl verschwunden sein wird. Hat er Pech gehabt.

Da ich meine Hinterbliebenen nach meinem Tod so wenig wie nur möglich mit Verwaltern und Bestattern belasten möchte, gibt es noch einige weitere Dinge zu klären. Ich lese, dass »Bestatter« kein geschützter Beruf ist: »So kannst du eine Bestattungsfirma gründen.« Daraus schließe ich, dass ich keine solche Firma benötige, wenn ich begraben werden muss. Geschweige denn eines von den Versorgungspaketen, mit denen sie einen – und wer wäre das denn wohl nach meinem Tod? – teuer zu betreuen versuchen.

Antoine und ich haben schon Einbauküchen gehasst. Wir gehören zu den Menschen, die sich bei jeder Gelegenheit lieber lose Elemente zusammensuchen. Zum Beispiel ein Seelsorger gehört nicht dazu – ein Fremder! – und in Sachen Tod sonst auch kaum irgendetwas.

Eine der jüngeren Friedhofswitwen hat mir erzählt, wie sie sich nach dem Tod des Ehemanns von der Bestattungsfirma alles Mögliche hat »aufschwatzen« lassen, das man gar nicht gebraucht hätte. »Normal bin ich ziemlich frech«, sagte sie. »Aber ich war wie gelähmt.«

Da lässt man sich schnell von jenen Professionellen, die »wissen«, wie alles ablaufen soll, passiv hindurchschleusen. Sie hat sich sogar nach draußen kommandieren lassen, als die Bestatter den Sarg schließen wollten. Und stellt sich seitdem vor, was die da noch an wertvollen, persönlichen Sachen aus dem Sarg hätten entfernen können. »Und zum Schluss hat die Firma Werbeprospekte verteilt.«

Immer wieder kann man lesen, dass man einen Abschied heutzutage individueller gestalten möchte. Dass die Beisetzung eines Nahestehenden weniger einheitlich als früher begangen werde. Aber wenn's drauf ankommt, finden nur wenige Menschen die Ruhe und den Mut, zu sagen: Aber so will ich es auf keinen Fall, dafür möchte ich es so und so.

Als Niederländerin hatte ich weniger Scheu, bei Antoines Beerdigung die meisten Vorschläge, Angebote, Rituale und Objekte abzulehnen, fast »alles, was sich hier so gehört«. Ich hatte einfach keine Ahnung davon, was das wäre. Allerdings hatte ich meine Erfahrungen mit schönen und höchstpersönlich organisierten Trauerzeremonien in der Heimat gemacht.

Und tatsächlich, wie sich zeigte, war Ähnliches auch in Berlin möglich. Das meiste, was vorher vom Bestatter, anstandshalber und als Automatismus, quasi verlangt wurde, ergab sich auf Nachfrage als butterweiches Angebot. Unter Berufung auf irgendwelche »holländischen Sitten« bin ich meiner Intuition gefolgt, und man hat mich gelassen. So habe ich außerdem jede Menge Geld gespart.

Das fing schon mit meiner Weigerung an, Antoine auf eine dieser kitschigen Kunststoff-Kirmesdecken im Sarg zu legen. Er liegt auf unserer alten Wolldecke, den Kopf auf seinem eigenen Kopfkissen.

Der Verband der Deutschen Zulieferindustrie für das Bestattungsgewerbe schreibt indes Sachen vor, die einen, wenn man nicht mit beiden Beinen fest auf dem Boden steht, einschüchtern und mutlos machen können. Zu den »Anforderungen an Bestattungswäsche« liest man zum Beispiel: »Falten im Brustteil zu Lasten der Gesamtbreite werden bis zu 6 cm toleriert, Mindestlänge der Ärmel im Zuschnitt 55 cm.«

Toleriert – von wem denn wohl? Antoine hat sein letztangezogenes T-Shirt getragen. Für den Tag meiner Beerdigung wünsche ich mir, dass alles in etwa so gemacht wird wie bei ihm. Die Anwesenden bei seiner intimen Trauerzeremonie, unter ihnen unser Gärtner, der ja auch Bestattungssachverständiger ist, kennen meinen Geschmack bereits. Andererseits, wenn der Gärtner am Tag meiner Beerdigung noch nicht in Rente ist, bin ich wohl zu früh gestorben.

Ein paar unserer engsten Freunde haben an dem Tag auf meine Bitte hin etwas über Antoine erzählt: auf Niederländisch, Englisch oder Deutsch. Die kleine Gesellschaft war ja ost/westeuropäisch gemischt. Zwischendurch hat der Gärtner die von mir ausgewählten Musikstücke aufgelegt: Janis Joplin, ein wenig Blues holländischer Herkunft und Arvo Pärt.

Am Grab hat Sven, zufällig in Berlin zur Premiere seiner neuen Show in der Bar jeder Vernunft – wo Antoine und ich unter anderen Umständen am vorherigen Abend hingegangen wären – a cappella ein Lied von Ramses Shaffy gesungen, unserem wunderbaren holländischen Troubadour. Fast alle haben leise mitgesungen oder, wie die Deutschen, Ungarn und Russen unter uns, mitgesummt. Zum Schluss habe ich am Grab noch ein paar Worte aus einem Gedicht von Antoines Lieblingspoetin Marina Zwetajewa gesprochen.

Es war gut so, mit unseren Freunden – und nur mit ihnen. Ich habe noch die seelische Ruhe gefunden, um auf die Trauergesellschaft zu schauen. Die Holländer trugen, bei dem erbärmlichen Herbstwetter an diesem Tag, eher wetterfeste Kleider als schicke. Dagegen waren unsere deutschen Trauergäste in stimmiger, bei dem Wetter nicht gerade geeigneter Kleidung erschienen. Von seinem Sohn hatte ein ansonsten so unverkrampftes Ostberliner Ehepaar, Freigeister wie wir, noch verlangt, er solle sich ein paar neue Schuhe kaufen.

Das haben sie mir erst später erzählt: Wie sie sich doch irgendwelchen ungeschriebenen Kleidungsvorschriften verpflichtet gefühlt hatten. Und wie sehr sie sich dann über mich wunderten, in bequemen alten Klamotten, inklusive Wanderschuhe des sumpfigen Bodens wegen, dazu in alten Jeans – Antoines Lieblingstracht.

Danach ging's zu unseren Nachbarn von oben drüber, die ihre Wohnung mit Speisen und Wein zur Verfügung gestellt hatten.

Meine Lieblingsnachbarn werden auch in meinem Fall hoffentlich wieder hinterher zu sich nach Hause einladen – sie sind jünger. Und die 200 Euro, die die damalige Bestattungsfirma schon alleine für das Regeln der Sterbeurkunden und noch ein paar Terminfestlegungen berechnet hat, können dann noch extra in guten Wein und leckere Speisen gesteckt werden. Meine liebe Nachbarin wird diese bürokratischen Hürden gern auf sich nehmen, hat sie mir versprochen.

Ach ja, dann der Sarg ... Da ich, wie gesagt, nicht um einen dickwandigen Holzsarg herumkomme, werde ich demnächst einen befreundeten Tischler bitten, ein schlichtes Selbstbaupaket zusammenzuzimmern. Die Teilstücke hebe ich dann im Schrank auf und sage den Freunden/Nachbarn Bescheid: Irgendwann sollt ihr noch ein wenig daran basteln.

Ein Grabkranzverbot und noch so einiges zum Verlauf des großen Tags, wie zum Beispiel die von mir favorisierte Musik, werde ich in meinem Kodizill, also Testamentszusatz festschreiben. Vor allem diese hässlichen Kränze, immer mit Blumen, die gar nicht zusammenpassen, und dann noch diese deprimierenden großen Schleifen mit Klischeesprüchen und Namen drauf, damit man sehen kann, wer hier ordentlich gespendet hat ... Eigentlich habe ich nie so richtig verstanden, dass man sie vom Grab stehlen möchte.

Habe ich denn nun das Wichtigste beisammen? Nach langem Herumgoogeln entdecke ich, dass ich in Deutschland für eine einzige Sache vermutlich dann doch einen Bestatter brauche. Und zwar, um meine Leiche im Sarg zu transportieren. Schon merkwürdig, dass das verpflichtend ist, bei so einem nicht geschützten Beruf.

Dieses Geschäftsmodell wird mit dem Hinweis auf Respekt für den Verstorbenen begründet. Ich habe den sogenannten »Respekt« schon erwähnt, als es um Urnen ging. Was spricht eigentlich dagegen, dass meine nächsten Freunde nach meinem Tod selber über die Fahrwege meines Körpers entscheiden, einmal von vermutlichen Kriminalfällen und ansteckenden Krankheiten abgesehen?

Würde ich in Amsterdam sterben, dürften die Freunde mich in einem privaten kleinen Lieferwagen oder auch per Cargobike zum dortigen Friedhof bringen. Zwar nicht aufrecht auf dem Hintersitz beziehungsweise in der Transportkiste des Rads, aber horizontal und eingepackt schon. Nun müssten sie mich allerdings über die Grenze fahren, nach Berlin. Aber das dürfen sie nicht.

Beerdigungsunternehmen hingegen können ihre grenzüberschreitenden Billigbestattungen problemlos erledigen. Sie dürfen mehrere Leichen zugleich im Bestattungsfahrzeug aus Deutschland zur Beisetzung nach Polen oder Tschechien transportieren.

Es gibt an den nationalen Grenzen für Privatleute ein noch wesentlicheres Problem. Das hat unser Chefredakteur der Wochenzeitung erfahren – der Mann, der uns in Amsterdam standesamtlich vermählen durfte. Martin hatte seine steinalte Mutter auf eine Wunschreise eingeladen: noch einmal gemeinsam nach Wien. Auf der Rückfahrt ist sie dann plötzlich im Flugzeug gestorben. Für sie vermutlich ein süßer Tod, aber für ihren Sohn war es eine Katastrophe. Weil die Mutter noch im österreichischen Luftraum gestorben war, musste das vollbesetzte Flugzeug zurück nach Wien. Martin hat Himmel und Hölle in Bewegung setzen müssen, um seine Mutter später nach Amsterdam transportieren zu können.

Wir Lebenden sind Europäer, wir erfahren die Grenzen kaum noch. Unsere Toten bemerken sie zwar noch weniger, aber sie kommen nicht so leicht rüber wie wir.

Strahlendweiße Zähne im Dunkeln

Es dunkelt hier viel zu früh. Vor fünf schon setzt diese deprimierende Berliner Herbstfinsternis ein. Das ist bei gleicher Winterzeit eine volle Stunde früher als in Amsterdam. Offiziell wird der Friedhof in der kältesten Jahreszeit um fünf Uhr abgesperrt. Oder? »17.00 Uhr«, das steht zwar auf dem Schild beim Eingang. Aber auf der Website des Friedhofsverbandes sind für unseren Friedhof Zeiten angegeben, die sich jeden Monat verschieben: Oktober 18.00 Uhr, November 17.00 Uhr, Dezember 16.00 Uhr. Damit wäre eine schlecht bezahlte Überwachungsfirma allerdings überfordert, muss man sich dort im Büro gedacht haben.

An einem Novembernachmittag pflanzt unsere Freundin Andrea eine rosa-weiße Christrose auf Antoines Grab. Wir machen es uns gemütlich: eine Kerze, ein Gläschen, ein Gespräch. Die Zeit vergeht. O, nein ... im Dunkel finden wir den eisernen Zaun abgeschlossen vor. Das muss noch vor fünf passiert sein, und ohne Scheinwerferstrahlen aus der Ferne.

Ein älteres Ehepaar steht am Tor, ebenfalls eingesperrt. Sie schreien nicht herum, sondern lachen uns entgegen. Es gibt ja Schlimmeres, nicht wahr, speziell auf einem Friedhof. Sie wären nur ein wenig herumspaziert, sagt der Mann, weil ihr Wagen hier in der Gegend repariert wird. Wir Deutschen sind ja pünktlich, scherzt er, aber zu früh abschließen sei nun wirklich übertrieben. Andrea, halb deutsch und halb ungarisch, und ich, null Prozent deutsch, bejahen dies nur zu gerne.

So stehen wir zu viert kichernd am Tor. Auf der anderen Seite des Gitterzauns hängt das Schild mit den Daten der

Security-Firma Power. Da kommt schon ein Passant. Wir bitten ihn, uns die Telefonnummer vorzulesen. Hoffentlich reagiert die Firma jetzt wieder zu pünktlich, spottet der Mann des Ehepaars.

Und wirklich, innerhalb kürzester Zeit hält der Power-Wagen vor unseren Nasen, die wir ungeduldig durch den Zaun stecken. Die Tür geht auf, da steigt offenbar jemand aus. Wir nehmen ihn aber nicht wahr. Dann öffnet sich ein Mund. Strahlendweiße Zähne sehen wir. Der Besitzer dieser schönen Zähne ist pechschwarz wie die Finsternis. Er lacht und lacht, der Power-Mann. Brüllend vor Lachen schlägt er sich auf die Schenkel und kann gerade noch hervorstoßen: »Ha ha, Sie sind wohl vom Tode auferstanden?!«

Wir vier schauen uns einen Augenblick fassungslos an. Dann lachen wir aus vollem Halse mit. Sogar die schweigende Frau des Ehepaars grinst. Wie absurd kann eine Reaktion sein! Wie entwaffnend inkorrekt! Andrea und ich zwinkern einander zu. Undeutscher geht's wohl kaum, denken wir zugleich. Und auch: So stimmungsbunt ist unser Berlin. Hier gehören wir hin.

Jetzt wird der Mann auf unserer Seite aber übermütig. Gut gelaunt zahlt er es unserem Retter heim: »Sie haben uns übersehen. Aber genauso wir Sie: einen Neger in der Nacht, und ohne Taschenlampe!« Der Ausgleichstreffer verursacht einen Augenblick lang eine peinliche Stille. Dann blinken, zum Glück, die weißen Zähne nochmals beim Lachen: »Ja, da haben Sie allerdings Recht, ha ha!«

Die Lebenden und ihre Toten

Nach Einbruch der Dämmerung gehe ich selten auf den Friedhof. Aber heute komme ich auf dem Heimweg dort vorbei. Aus der Ferne sehe ich zwei rote Lichtchen in Richtung unserer Grabstätte. Näher gekommen, erkenne ich zwei brennende Kerzen: eine bei Pepe und eine bei Antoine. Mein Herz hebt sich empor wie ein Habicht, wie die alten Indianer sagen.

Ein »Hallo!« kommt von meinem Bänkchen. Es ist wahrlich Andreas, fast unsichtbar in seiner schwarzen Lederjacke und ebensolchen Hose. Aber umso besser höre ich diese vertraute Stimme. Andreas bietet mir einen Schluck Bier an und öffnet seine Arme. Er wärmt meine Hände unter seiner Jacke.

Vor vielen Wochen hatte ich Andreas hier schon mal getroffen, bei Pepes Grab. Er half mir spontan mit dem Seil um

Antoines Grab, das wieder mal kaputt war. Wir hatten uns angenehm über unsere Verstorbenen unterhalten und auch ein wenig über uns.

Sie waren gute Kumpels gewesen, Pepe und er, und betrieben gemeinsam einen Uhrmacherladen im Kiez. Dann ging Andreas nach Oberfranken, um seine Mutter zu pflegen. Als er nach etlichen Jahren nach Berlin zurückkehrte, erfuhr er, dass Pepe sich umgebracht hatte. Niemand hatte ihm davon berichtet. Der Schock sitzt noch immer tief.

Andreas sucht auf dem Friedhof seinen Seelenfrieden, erzählte er mir bei unserem ersten Treffen. Nur macht er das offenbar meist zu anderen Uhrzeiten als ich: schon frühmorgens oder erst gegen Abend. Ich wusste nicht, ob ich ihn jemals wiedersehen würde.

So sitzen Andreas und ich an diesem Herbstabend innig beisammen und erzählen uns Geschichten über die Lebenden und die Toten. In der Ferne hören wir Marina, die mit ihrem verstorbenen Freund Daniel spricht und uns nicht bemerkt. Unser Friedhöfchen strahlt mir in der Finsternis einen Schimmer von Wohlbefinden und Geborgenheit entgegen.

Epilog

Nein, so hoffnungsvoll und versöhnlich wird die Geschichte dann doch nicht ausgehen. Andreas hat um Pepes schlichtes Holzgrabmal eine Stoffjacke gebunden, als Winterschutz und Zeichen von Liebe. Meinem Antoine hat er eine schöne Öllampe besorgt. Die Flasche Lampenöl habe ich dann unter Pepes Jacke versteckt.

Kurz darauf finden wir die Jacke und Pepes Grabmal schwarz verbrannt vor. Sie sind wohl mit dem Lampenöl übergossen und angezündet worden. Denn die Flasche ist leer. Wie auch die herumliegenden Wodka- und Schnapsflaschen.

Verantwortung und Dank

Nichts in diesem Buch ist erfunden. Ich habe lediglich die Ereignisse mehrerer Jahre auf unserem Friedhof auf ein einziges Jahr, vom Herbst bis zum nächsten Herbst, verdichtet.

Im Text habe ich die meisten Personen, denen ich auf dem Friedhof begegnet bin, nur mit ihren Vornamen genannt oder auch anonym aufgeführt. Ich möchte sie nicht unnötig belasten. Ich schulde ihnen allen Dank, denn durch sie habe ich mich mit meinem Schicksal weniger allein gelassen gefühlt und sie haben mich zum Nachdenken über das Sterben und Begraben wie auch über das Leben und Überleben angeregt.

Gabi Gilsenbach hatte ich erzählt, dass ich über ihre Geschichte und die ihrer Familie schreiben möchte. Sie gab mir zu diesem Zweck das von der Familiengrabstätte entwendete Gedicht ihres Vaters Reimar. Durch unsere Gespräche fühle ich mich Gabi sehr verbunden. Wie widersprüchlich es auch klingen mag, unser Zusammensein auf dem Friedhof hat diesen Ort mit Wärme erfüllt.

Lediglich »Marina« heißt in Wirklichkeit anders. Sie war zwar begeistert, in meinem Buch eine Rolle zu spielen und hat sich dafür mit Freude von mir fotografieren lassen. Aber ich glaube, ihre so verletzbare Seele ein wenig beschützen zu müssen.

Speziell möchte ich unserem Gärtner-Verwalter danken. Durch seine so vertraute Anwesenheit wurde der Friedhof zu einem neuen, Geborgenheit gebenden Zuhause. Dies gilt auch für Andreas Meintzschel, der aus dem Friedhof einen Ort des schönen, gemeinsamen Verweilens gemacht hat und aus unserem Doppelgrab einen liebevollen Überraschungsgarten: »Ich habe gerade auf der Höhe von Antoines Knien einen Beinwell gepflanzt.«

Meinen Kollegen / Freunden Falko Hennig und Wouter Meijer möchte ich für ihre heitere Unterstützung beim Verfassen der Briefe an Friedhofsverwaltung und Presse und für ihre Begleitung zum Verwaltungsbüro danken. Und mein Freund Hansa Günther, bewährter Übersetzer von Filmdialogen ins Deutsche, nahm meine Bitte, die handgeschriebenen Gesprächsnotizen zu korrigieren, so ernst, dass er, ehrenamtlich, mein ganzes Manuskript vor dem Einreichen beim Verlag schon auf die schlimmsten Fehlformulierungen redigierte – als Ausländerin ist man da immer ein wenig behindert. Großen Dank dafür!

Es hat mich sehr gefreut, dass der Eulenspiegel Verlag mein Buchprojekt begeistert angenommen hat. Verlagsleiter Matthias Oehme und sein Team haben nicht nur mein Manuskript professionell begleitet, sondern mir auch freundschaftlich zur Seite gestanden – und immer mit einem Augenzwinkern, das mich vor einiger drauflosredender Egomanie bewahrt hat.

Wie schön ist es, in diesen Zeiten als Niederländerin mit einem, wie ich denke und hoffe, ziemlich provokativen und tabufreien Buch über deutsch-niederländische Friedhofssitten bei einem Berliner Verlag Gehör zu finden!

Fotos: Annemieke Hendriks

Eulenspiegel Verlag – eine Marke der
Eulenspiegel Verlagsgruppe Buchverlage

ISBN 978-3-359-03015-7

1. Auflage 2021
© Eulenspiegel Verlagsgruppe Buchverlage GmbH, Berlin

Umschlaggestaltung: Oliver Weiss, Berlin
Printed in EU

www.eulenspiegel.com